Peggy Tarillon

S'ENVOLER ENFIN !

Explorez votre authenticité, trouvez votre voie et réalisez-vous !

Dangles ÉDITIONS

www.hollynx.com

Correction et relecture : Walter Sistelli et Mickaël Legrand
Conception et réalisation graphique : Caroline Robin

ISBN : 978-2-7033-1284-0
Dépôt légal : octobre 2021

Éditions Dangles
Une marque du groupe éditorial Piktos.
355, rue de la Montagne-Noire – 31750 Escalquens
Tél. : 05 61 00 09 86 (accueil) – 05 81 91 31 31 (commandes)
Courriel : contact@piktos.fr
Site internet : www.editions-dangles.fr

Je tiens à remercier, en premier lieu, ma famille
et particulièrement mes parents.
Mes pensées et mon cœur restent ouverts à mon père,
Jean-Claude, pour tout ce qu'il m'a apporté de son vivant
et tous les cadeaux qu'il a déposés sur mon chemin
en nous quittant. Merci à ma mère et meilleure amie,
Catherine, ma première lectrice, ma confidente
et mon soutien inconditionnel.
J'embrasse également tendrement mes deux enfants,
Cylia et Albin, pour les beaux êtres qu'ils sont.
Merci à mon employeur d'avoir cru en moi
et de m'avoir donné l'opportunité de me réinventer.
Toute ma gratitude à Yves, mon coach et mentor, pour son
accompagnement bienveillant et puissant,
et ses enseignements tout au long de mon parcours.
Enfin, je remercie chaleureusement mes muses,
ces femmes et ces hommes que j'accompagne
au quotidien en coaching.

Sommaire

LES EXERCICES PRATIQUES

Introduction

IT'S MY LIFE
It's now or never
I AIN'T GONNA LIVE FOREVER
I just want to live
WHILE I'M ALIVE[1]

Jon Bon Jovi, « It's My Life »

Julie, 32 ans, est secrétaire médicale dans un cabinet dentaire. Elle mène une vie paisible dans une petite ville de province depuis qu'elle a épousé Mathieu, il y a cinq ans. Et pourtant, chaque dimanche soir, elle éprouve une sorte de lassitude qu'elle a beaucoup de mal à décrire. Chaque dernière heure d'un long week-end avec son amoureux la torture un peu plus, la lassitude laissant place à un blues presque maladif. On pourrait croire que Julie est *rangée* : un job, un mari, une petite maison parfaitement décorée, un peu de sport, du temps pour elle… Pourtant, quand on l'interroge, Julie n'arrive pas à se projeter dans le temps. Elle sait bien quelle sera la destination de ses prochaines vacances à la mer cet été ; ou encore que, d'ici deux ans, elle pourra demander une promotion à son patron. Mais, au fond d'elle, elle sent que quelque chose ne tourne pas rond. Elle est déstabilisée sans pour autant réussir à mettre des mots sur ce qu'il se passe en elle.

1. « C'est ma vie / C'est maintenant ou jamais / Je ne vivrai pas éternellement / Je veux juste vivre pendant que je suis en vie. »

Sur son lieu de travail, Julie croise Éloïse tous les jours. Elle la trouve radieuse et intelligente. Et, surtout, Julie a la certitude qu'Éloïse est bien dans ses baskets, que son job est fait pour elle, que son emploi du temps présente un équilibre presque extraterrestre, qu'elle mène la vie parfaite. Chaque expression du visage et de la silhouette d'Éloïse inspire Julie et, en même temps, la questionne sur elle-même, la rendant presque un peu jalouse de ce qu'Éloïse dégage, de cette simplicité et du plaisir qu'elle prend à vivre sa vie.

Et puis, le temps passe, Julie multiplie les rencontres de ce type, dans sa vie, dans les médias, sur les réseaux sociaux... Ici, un couple d'amis qui quitte jobs et maison pour ouvrir une boutique bio ; là, un reportage sur une trentenaire parisienne qui crée une start-up surfant sur le *mindfulness*[2] ; et j'en passe. Julie s'interroge de plus en plus sur elle-même, sur ses choix, sur sa place dans la société, sur ce qui compte vraiment pour elle, sur son futur. Elle se demande ce qu'elle laissera à ses enfants et petits-enfants. Elle est souvent mélancolique, voire triste. Elle rêve à d'autres choses dans sa vie. Tout est encore très flou et lui paraît incohérent, mais elle sent au fond d'elle-même qu'elle aspire à changer.

Comme Julie, beaucoup d'individus s'interrogent sur le *vrai but* ou le *sens de leur vie*. Ils souhaitent réaliser de grandes choses, faire une différence dans ce monde, voire y laisser une trace. Leurs idées se multiplient sans pour autant être très claires. Ils voudraient contribuer à changer le monde et se sentir plus utiles en accomplissant des actes qui pourraient laisser le monde dans un meilleur état que celui dans lequel ils l'ont trouvé, peut-être pour se donner bonne conscience. Et pourtant, ils n'en sont pas très sûrs. Au fil du temps, ils se sentent de plus en plus perdus, comme si leur boussole intérieure s'affolait. Certains finissent par en rester là, à maintenir le statu quo, quand d'autres prennent de *mauvaises* décisions pour eux-mêmes.

2. Mindfulness : « pleine conscience ».

Pour ma part, j'ai toujours voulu créer mon entreprise. C'était, pour moi, comme un idéal à atteindre, un accomplissement. Au fil du temps, de nombreuses idées ont vu le jour. Je me souviens de longues discussions avec ma mère et confidente. Il a été question de devenir architecte d'intérieur à mon compte, d'ouvrir une entreprise d'événementiel spécialisée dans l'organisation de mariages, de racheter une entreprise existante… Pendant plus de quinze années, les projets ont été nombreux sans pour autant se concrétiser. Je sais, à présent, que toutes ces idées n'étaient pas en moi pour aboutir. Elles m'ont simplement permis de garder allumée la flamme de ma transformation personnelle.
Il a fallu bien d'autres composantes pour que cet avènement se réalise enfin. Tout d'abord, j'ai découvert ma passion pour l'humain, et la conviction que nous sommes tous des êtres pleins de ressources et créatifs. Puis, j'ai effectué un parcours personnel et une introspection à la découverte de moi-même. Et, comme l'a dit Socrate : « Connais-toi toi-même, et tu connaîtras l'univers et les dieux », l'univers m'a répondu et a mis sur mon chemin des rencontres avec les *bonnes* personnes au *bon* moment. C'est finalement le besoin d'aligner profondément mes valeurs à *qui je suis* et à *ce que j'entreprends* qui m'a permis de prendre enfin mon envol et de créer ma structure, celle qui a le plus de sens pour moi.
Aujourd'hui, dans mon activité de coach en développement personnel et professionnel, j'accompagne quotidiennement ces femmes et ces hommes, comme Julie, déstabilisés, en perpétuelle recherche. Dès que la question se pose, je leur propose d'effectuer un travail d'exploration un peu particulier, basé sur mon expérience personnelle. C'est ce parcours que je vous propose de découvrir au travers de cet ouvrage pour que vous puissiez, vous aussi, vous envoler, enfin !

S'épanouir

S'ÉPANOUIR :
ACQUÉRIR LA PLÉNITUDE
de ses facultés intellectuelles ou physiques ;
ÊTRE BIEN DANS SA PEAU,
dans son corps.
MANIFESTER UNE JOIE PLEINE ET SEREINE.

Larousse

Pour nombre d'entre nous, *s'épanouir*, c'est atteindre un état qui nous permet de nous sentir plus heureux par rapport à la situation actuelle. Il m'apparaît, au fil de mes conversations de coaching, que la perception de manque est souvent à l'origine de la quête du *bonheur*. Je parle ici d'un état d'esprit que j'aime nommer le « pas assez ». Dans un monde où la société nous bombarde du message selon lequel *nous n'avons pas assez*… et que *nous ne sommes pas assez*…, il n'est pas surprenant que cela se manifeste comme un dysfonctionnement nous embarquant, la plupart du temps, dans une course effrénée vers *toujours plus*.
Si vous voulez une image plus claire de cette notion, jetez un œil au monde du marketing. Marcher dans un centre commercial peut suffire à se retrouver dans un marathon autosabotant inconscient. Nous recevons tout le temps des messages disant que nous devons regarder d'une certaine façon, nous comporter d'une certaine

manière, avoir une assez grosse somme d'argent en poche et ainsi acheter notre chemin vers ce que l'on appelle « l'épanouissement personnel ». Plus fort encore : nous propageons cet état d'esprit de génération en génération.

Brisons le cycle, osons changer !

Regarder à l'extérieur de soi-même, écouter les autres, la société, pour définir notre épanouissement conduit à toujours plus de pas assez. En nous recentrant sur nous-mêmes, en étant plus conscients de nos pensées positives ou négatives, et en acceptant qui nous sommes véritablement, nous pouvons mener une vie épanouissante sans dépendance.

Ce que je veux dire par là, c'est que désirer atteindre quelque chose pour satisfaire une faim insatiable mènera toujours à pas assez. Cette course sans fin – une plus grande maison, un nouveau véhicule, un nouvel exploit sportif, une nouvelle promotion ou une nouvelle relation – ne mènera pas à l'accomplissement, tout au plus à une illusion de bonheur.

Je ne dis pas qu'apprécier les joies du monde moderne est néfaste – d'ailleurs, mes proches peuvent témoigner du fait que je suis, moi-même, une grande consommatrice –, je dis simplement que ce n'est pas suffisant.

Commencer : l'acte le plus difficile

COMMENCER, c'est avoir **à moitié fini.**

Horace, *Épîtres*, livre I, épître II, « À Lollius »,
vers 40, 19 av. J.-C.

Alors que j'entre enfin dans une période de calme et de sérénité, je me rappelle que commencer est la partie la plus difficile du voyage vers l'épanouissement. D'ailleurs, notre cerveau ayant tendance à ne pas retenir les périodes compliquées, je n'arrive presque plus à me souvenir de la façon dont tout a débuté. Ce dont je me souviens, c'est que, pour démarrer, il m'a suffi de me lancer dans le grand bain et de faire quelques mouvements pendant un petit moment.
Si je dois m'entraîner physiquement, la clé est de franchir la porte du club de fitness. Si j'ai envie d'écrire, je dois m'asseoir, me munir d'une feuille et d'un crayon, et écrire un petit peu. Et, d'une manière plus générale, si j'ai besoin de pratiquer quelque activité que ce soit, je dois simplement m'exercer. Parce que, une fois que nous commençons à nous mettre en action, nous entrons dans un état qui, s'il se répète, nous permet de nous *perdre* dans l'activité en question.

Ainsi, lorsque nous désirons entreprendre un changement, le secret pour commencer est de… commencer. C'est l'invitation que je vous fais : lancez-vous dans la lecture de ce livre, et démarrez ce travail sur et pour vous-même !

L'accomplissement vient de l'intérieur !

Profiter des plaisirs de la vie – aussi minimes soient-ils –, en comprendre le sens, et avoir des objectifs améliore et enrichit ce qui est déjà en nous. Chaque être humain est, en effet, abondant, unique, entier et plus que suffisant. Tout ce que nous avons donc à faire est d'être présents, de regarder en nous et d'être les beaux êtres que nous sommes.

Trois règles

Pour vous aider à appréhender la lecture de cet ouvrage et vous permettre d'en tirer le plus de fruits, je vous propose les trois règles d'or suivantes.

L'esprit du débutant

Il y a quelques années, mon père, qui était alors en train de préparer sa ceinture marron de ju-jitsu, m'a raconté cette belle anecdote.
Un jour, il croise un homme dans la salle de ju-jitsu qu'il fréquente. L'homme dit en arrivant : « Je viens ici pour voir, comme ça, mais, le judo, j'en ai fait le tour ! » Mon père est alors très étonné, et se dit que l'homme doit pratiquer le judo depuis longtemps et avoir un très bon niveau pour parler ainsi. Seulement, en le voyant à l'œuvre, il se rend compte que le niveau de cet homme n'est pas exceptionnel. À la fin du cours, mon père entame la conversation et lui demande s'il est lassé par la pratique du judo. L'homme lui dit que non, qu'il adore ce sport comme au premier jour, mais que, pour lui, c'est devenu trop simple, et qu'il n'a plus rien à apprendre.

L'homme revient tout de même à une seconde séance. Et mon père remarque alors une chose : le nouveau n'écoute pas du tout les conseils de ses divers partenaires ni même ceux du professeur. C'est certainement pour cela qu'il pense avoir fait le tour de ce sport complexe. Vu que sa pratique n'évolue pas, il pense être au sommet. Et ce qui l'empêche, justement, de progresser, c'est le fait de considérer qu'il est au sommet. Il a perdu *l'esprit du débutant*, il se croit arrivé.

Cette anecdote nous rappelle à quel point nous sommes de perpétuels débutants, et ce, quelle que soit la discipline. Les débutants pensent souvent qu'il leur manque de l'expérience. Mais ce qu'ils ne voient pas, c'est qu'ils ont un gros avantage : ils ont *l'esprit du débutant*. C'est un atout formidable qu'il faut garder le plus longtemps possible. L'esprit du débutant est un état d'esprit où l'on est consciencieux, où l'on met de côté nos a priori et les expériences du passé, et où l'on fait preuve d'une grande attention. Lorsque nous démarrons une activité nouvelle pour nous-mêmes, nous prêtons attention à chaque élément ou composante de la discipline choisie. Il faut que cela reste ainsi à chaque instant de notre pratique.

Aussi, je vous invite, tout au long de votre exploration, à garder l'esprit du débutant. Que vous ayez déjà travaillé sur vous-même, que vous connaissiez déjà les concepts présentés dans cet ouvrage et les exercices proposés, abordez-les comme s'ils étaient nouveaux pour vous.

Le non-jugement

Ne pas juger, c'est accepter l'autre tel qu'il est, tel qu'il se perçoit ; c'est accepter ses forces, ses faiblesses, ses doutes, ses contradictions... Lui tout entier, dans sa globalité. Et si nous commencions par appliquer cette règle à nous-mêmes ? Et si nous nous acceptions inconditionnellement ?

Le *non-jugement* est le premier pilier de l'entraînement à la pleine conscience qui sera abordée un peu plus tard dans cet ouvrage.

Cette attitude consiste à observer, à chaque instant de façon impartiale, les phénomènes qui se présentent à notre conscience. C'est-à-dire sans aucun parti pris, à la manière d'un scientifique observant une expérience dans le seul but de la décrire, et non pas, comme nous le faisons généralement, de la juger bonne ou mauvaise.
Nous passons beaucoup de temps à résister, à lutter, à rejeter, à ne pas accepter les situations et les autres. Pourtant, tout est impermanent. Nous ne désirons que ce qui est plaisant, agréable et bénéfique, mais cela génère beaucoup d'anxiété et de souffrance. Si nous permettons aux choses d'être ce qu'elles sont, si nous les acceptons, nous ressentons alors une grande paix, et nous sommes disponibles pour explorer ce qui doit l'être.

La bienveillance

Ces dernières années, le mot *bienveillance* se retrouve partout : dans les médias, dans les livres de développement personnel, dans les guides d'éducation, dans les valeurs de certaines entreprises... À force d'en entendre parler, on a même fini par penser que cela coulait de source et que la bienveillance était une version « tendance » de la simple gentillesse. Aussi avons-nous finalement tous l'impression de savoir ce que c'est ; c'est-à-dire être gentils et respectueux envers l'autre. Pourtant, derrière ce simple mot se cache une réalité plus vaste qui colore nos relations interpersonnelles et notre relation à nous-mêmes. Alors, repartons de la définition du mot *bienveillance* :

> BIENVEILLANCE : DISPOSITION D'ESPRIT
> INCLINANT À LA COMPRÉHENSION,
> À L'INDULGENCE ENVERS AUTRUI.
>
> Larousse

J'aime particulièrement la notion d'*indulgence* introduite dans cette définition, par opposition au jugement, à la critique et au besoin de trouver dans l'autre une certaine perfection ou, en tout cas, un alignement à nos attentes en termes de comportement ou de valeurs. C'est, pour moi, la base d'une véritable attitude bienveillante. Être bienveillant, c'est laisser l'autre être tel qu'il est, l'accepter, et ne pas chercher à le changer. Cela ne veut pas dire que nous devons accepter toutes sortes de comportements. Cela ne signifie pas non plus approuver et valider. Il s'agit, ici, de chercher à comprendre l'autre pour interagir au mieux avec lui.

LA BIENVEILLANCE EST
la disposition affective d'une volonté
qui vise le bien
ET LE BONHEUR D'AUTRUI.

Wikipédia

Cette autre définition introduit une notion de responsabilité et de volonté. Être bienveillant, c'est choisir d'apporter quelque chose de positif et de bénéfique à l'autre. La personne bienveillante est dans une attitude active et fait des efforts. La bienveillance demande une certaine disposition d'esprit : la conscience. Cela veut aussi dire que nous pouvons *choisir* de devenir une personne bienveillante.
La bienveillance n'est-elle pas, finalement, aussi bénéfique pour nous-mêmes ? Nous ne pourrons pas apporter du respect, de l'écoute, de l'indulgence aux autres, si nous ne commençons pas par nous écouter, nous apporter du soutien et enfin arrêter de nous juger nous-mêmes en permanence.

Ainsi, nous sommes la première personne envers qui nous devons faire preuve d'indulgence et d'acceptation. Soyons alors bienveillants envers nous-mêmes !

Un dernier conseil

Cet ouvrage n'est pas destiné à être lu en une seule nuit. Je vous conseille de le lire pas à pas, à votre rythme, pour vous permettre de prendre des temps de réflexion et de pratiquer les différentes activités proposées.

Assurez-vous que c'est le bon moment pour vous d'effectuer ce travail sur et pour vous-même.

Nous vivons à l'ère digitale et surmédiatisée où nous sommes soumis à une surcharge d'informations constante. Chaque fois que quelqu'un nous demande comment nous allons, c'est le mot *surbooké* qui domine nos réponses : « J'ai fait ceci », « Je fais cela »... Nous nous arrêtons rarement pour réfléchir. Par exemple, nous allons en formation, mais nous passons très peu de temps à digérer l'apprentissage et à l'intégrer à notre vie quotidienne. Nous mettons en place des processus complexes pour évaluer les performances, mais nous n'examinons que rarement les causes profondes qui nous empêchent d'être plus efficaces. Nous désirons être plus confiants, nous finissons par remarquer nos lacunes, mais nous nous persuadons que nous n'arriverons jamais à évoluer. Or, pour s'extraire de cette course dans le vide, il existe une technique appelée la *journalisation*.

La journalisation

Si l'on veut obtenir quelque chose
QUE L'ON N'A JAMAIS EU,
il faut tenter quelque chose
QUE L'ON N'A JAMAIS FAIT.

Périclès

Largement reconnue comme un outil efficace qui facilite le bien-être émotionnel, l'apprentissage, les changements mentaux et comportementaux, la *journalisation* est l'art de tenir un journal personnel. Cet outil est couramment utilisé en thérapie, en coaching et dans diverses pratiques de développement de soi. Je souhaite donc vous faire découvrir la journalisation avant de démarrer votre exploration personnelle, de manière à vous permettre de vous poser et de mettre en place cet outil puissant qui, j'en suis convaincue, facilitera votre voyage.

Écrire : pourquoi ?

Pour nous aider à être plus conscients

La pleine conscience est la conscience de nos pensées, de nos émotions et de nos actions. Être attentifs à nous-mêmes nous aide à observer ce qu'il se passe dans notre vie – ce qui favorise la conscience de soi, ce qui génère des idées sur nous-mêmes, les autres et les circonstances.
Bien que la méditation soit l'un des moyens les plus efficaces d'atteindre la pleine conscience – et nous aurons l'occasion de traiter de cette pratique un peu plus tard dans cet ouvrage –, la journalisation peut également être utilisée pour obtenir un effet similaire, car le processus de verbalisation tire nos pensées et nos émotions de notre subconscient[3] vers le niveau conscient[4]. Comme le suggère la psychologue Randy Kamen dans son article "The Power of Journaling" publié en 2014 dans *Writer's Digest*, le processus de journalisation permet à l'écrivain de témoigner de ses comportements passés – ce qui ouvre la voie à de nouvelles pensées et perspectives.

Pourquoi est-il important de connaître nos pensées ou nos émotions ?

3. Le cerveau droit, dit « subconscient » ou « inconscient » (qui est inné), correspond au côté intuitif, imaginaire, émotionnel… Il gère l'intelligence, l'intuition, le sens artistique, les rêves, les envies et surtout les besoins. Chaque information nouvelle passe par lui.

4. Le cerveau gauche, dit « conscient » (que l'on acquiert et développe au fil du temps), correspond à la logique, à l'analyse, au raisonnement… Il gère le temps, le langage, le calcul, la pensée, les savoir-faire…

Façonnées par notre expérience, nos pensées et nos émotions influencent notre façon d'agir et, par la suite, nos résultats. Par conséquent, pour améliorer nos résultats, nous devons commencer par changer nos pensées. Pour ce faire, nous devons d'abord être conscients de nos pensées et des émotions qui leur sont associées. Ainsi, s'entendre penser, par la journalisation, nous aide à observer nos pensées et nos émotions plus clairement et objectivement, et peut nous donner des idées sur la façon de gérer ces situations.

Pour nous aider à construire de nouvelles pensées

Des décennies de recherche en neurosciences ont montré que notre cerveau traite constamment d'innombrables informations et doit créer des « raccourcis » pour filtrer les informations inutiles pour nous. Cela conduit à un biais cognitif appelé « biais de confirmation », un phénomène où nous ne remarquons que les informations qui soutiennent nos croyances existantes. Voici un exemple très connu pour illustrer très bien cela : vous venez d'acheter une nouvelle voiture et, aussitôt que vous sortez de la concession automobile, vous commencez à remarquer sur la route d'autres personnes conduisant la même voiture que celle que vous venez de commander. Ces conducteurs se sont-ils mis à acheter soudainement la même voiture que vous ? Certainement pas. Vous avez très probablement commencé à remarquer ces véhicules similaires parce que votre cerveau a commencé à permettre à ces voitures de la même marque et de la même couleur de *flotter* dans votre esprit conscient. Alors, maintenant, vous les voyez réellement, sans filtre.

Comment exploiter le biais de confirmation dans la journalisation ?

Nous pouvons utiliser la journalisation pour nous aider à enregistrer des preuves qui soutiennent l'état d'esprit que nous souhaitons cultiver.
Par exemple, si votre objectif est de vous sentir plus en confiance, vous pouvez utiliser la journalisation pour vous aider à enregistrer intérieurement des phrases qui suggèrent à votre subconscient que vous êtes une personne capable. Demandez-vous : qu'ai-je bien fait, aujourd'hui ? Quelle petite victoire ai-je remportée, ce jour ? En répétant ce processus sur 8 semaines consécutives, il vous sera de plus en plus facile de remarquer vos petites victoires.
Avoir cette perception positive de vous-même vous permettra de devenir plus à l'aise à long terme face aux revers et aux critiques, car la zone de votre cerveau associée à l'appréciation de soi aura été renforcée par l'exercice mental de la journalisation.

Pour nous aider à apprendre de nouvelles choses et à développer de nouvelles habitudes

Les neurosciences nous ont démontré que, pour traduire nos connaissances en nouveaux comportements, nous avons besoin d'établir de nouvelles connexions dans notre cerveau. Cependant, ces nouveaux comportements ne deviendront des habitudes durables que si ces nouvelles connexions, construites dans notre cerveau, sont continuellement renforcées sur une assez longue période – les fameuses 8 semaines. Une façon de renforcer ces connexions mentales est de créer des liens vers différentes parties de notre cerveau, pour permettre au réseau ainsi formé de s'épaissir et de se propager.
Alors, au lieu de simplement penser à un nouvel objectif, nous pouvons nous « parler », dans le journal, en écrivant en quoi cet objectif se

rapporte à ce que nous savons déjà et ce que nous pouvons mettre en action pour l'atteindre. Nous pouvons également utiliser la journalisation quotidienne pour nous aider à rester sur la bonne voie dans cet apprentissage, ou processus de construction d'habitudes.

Pour nous aider à fixer des objectifs significatifs et à rester motivés

Le cerveau humain a besoin de données spécifiques pour fonctionner correctement. Les meilleurs athlètes, pilotes et musiciens professionnels ont toujours imaginé leur performance avant même de la commencer. Ainsi, visualiser l'événement futur aide le cerveau à rassembler toutes les ressources mentales essentielles pour effectuer la tâche avec succès. Le cerveau ne peut pas faire la différence entre le présent et l'avenir ; lorsque le scénario visualisé se déroule dans la vie réelle, il est déjà préparé, car une *répétition mentale* a déjà eu lieu. La journalisation facilite cette pratique de simulation mentale, en documentant le processus de visualisation. Ainsi, nous nous rappelons à quoi ressemble le succès, et comment nous pouvons l'atteindre au cours de notre évolution et de notre apprentissage.

La journalisation est également utilisée pour effectuer un examen quotidien de notre objectif supérieur ; ce qui pourrait maintenir notre niveau de motivation, en particulier face aux défis. Selon les recherches de Viktor Frankl, un psychiatre qui a survécu aux camps de concentration de la Seconde Guerre mondiale, ceux qui ont un objectif clair pour leur vie ont tendance à être les survivants les plus résistants. Il a écrit : « Ceux qui ont un *Pourquoi vivre* peuvent supporter presque tous les *Comment.* »

Vos croyances deviennent vos pensées,
VOS PENSÉES DEVIENNENT VOS MOTS,
Vos mots deviennent vos actions,
Vos actions deviennent vos habitudes,
Vos habitudes deviennent vos valeurs,
VOS VALEURS DEVIENNENT VOTRE DESTINÉE.

Mahatma Gandhi

Écrire : quoi ?

Maintenant que nous avons une bonne idée des avantages de la journalisation, regardons concrètement ce que nous pouvons écrire. Voici quelques exemples que je recommande aux personnes que j'accompagne, en fonction de leurs besoins.

CONFIANCE EN SOI

Tenez un *journal de « génialité »* dans lequel vous notez 3 choses que vous avez bien faites aujourd'hui. Cela peut être quelque chose dont vous pouvez vous féliciter, et ce, quelle que soit l'importance de la chose ! Les questions auxquelles vous pouvez répondre quotidiennement sont :

- QU'AVEZ-VOUS BIEN FAIT, AUJOURD'HUI ?

- QUELS DÉFIS AVEZ-VOUS SURMONTÉS ?

QUELQU'UN A-T-IL DIT QUE VOUS AVIEZ FAIT DU BON TRAVAIL ? AVEZ-VOUS ACCEPTÉ CE COMPLIMENT ? SI NON, QUE DIRIEZ-VOUS D'ACCEPTER CE COMPLIMENT, POUR UNE FOIS ?

Situations négatives

Il y a toujours un cadeau qui sort de la plupart des situations négatives. Dans *Positive Intelligence*, un best-seller du *New York Times* sur la façon de réaliser son plein potentiel, l'auteur, Shirzad Chamine, enseigne la *technique des trois cadeaux*[5] pour nous aider à développer notre capacité à penser de manière positive. Si vous traversez une période difficile de votre vie, où il y a beaucoup de problèmes épineux à régler, entraînez-vous à noter trois cadeaux que vous pouvez obtenir pour chaque problème, ou trois raisons pour lesquelles cette situation peut être une bonne chose.

5. "The Three Gifts Technique".

Émotions négatives

Documentez les petites et les grandes choses dont vous êtes reconnaissant dans votre journée. De nombreuses recherches, notamment en psychologie positive, ont révélé que l'expression de la gratitude a un impact positif considérable sur chacun de nous sur les plans physique et mental, et sur le bien-être relationnel. La gratitude peut également vous aider à cultiver la résilience, dans les moments difficiles.

Développement de nouvelles compétences ou habitudes

Rappelez-vous : nous avons mentionné que le cerveau avait besoin d'informations spécifiques pour fonctionner efficacement. Utilisez votre journal pour *visualiser* à quoi ressemble une performance réussie. Par exemple, si vous voulez prendre la nouvelle habitude de devenir plus loquace en réunion, vous pouvez écrire sur les moyens de surmonter la nervosité initiale, sur les sujets sur lesquels vous pourriez commencer à être plus bavard, sur la façon de vous préparer à ces présentations, sur d'autres ressources dont vous auriez besoin, sur les bienfaits que vous pourriez en tirer, pour vous et pour les autres...

La journalisation de nos progrès nous permet également de générer de nouvelles informations sur ce qui fonctionne bien, ce qui fonctionne moins bien, et pourquoi. Ce journal d'autoapprentissage renforce non seulement les comportements positifs que nous souhaitons conserver, mais peut également être consulté plus tard pour nous rendre compte du chemin parcouru.

QUAND ÉCRIRE ET PAR OÙ COMMENCER ?

Établissez une routine. 5 à 10 minutes suffisent vraiment ! Ne soyez pas stressé par l'orthographe, le vocabulaire ou la grammaire, ou par la qualité de l'ouverture ou de la conclusion. Suivez simplement le cours de votre pensée, à moins qu'il n'y ait une structure particulière à laquelle vous aimeriez adhérer. Vous êtes le seul lecteur de votre parcours de vie, alors ne soyez pas trop dur avec vous-même.

Le matin, la journalisation de la première heure est un moyen puissant pour définir vos intentions et tirer le meilleur parti de la journée qui démarre.

Pensez à suivre les étapes suivantes

- NOTEZ VOS ÉMOTIONS AU LEVER.
- NOTEZ VOS PRIORITÉS ET 1 À 3 OBJECTIFS QUE VOUS SOUHAITEZ ATTEINDRE POUR LA JOURNÉE.
- NOTEZ L'ATTITUDE OU L'ÉTAT D'ESPRIT QUI VOUS AIDERA À ATTEINDRE CES OBJECTIFS.
- PRENEZ UN ENGAGEMENT ENVERS VOUS-MÊME POUR CETTE NOUVELLE JOURNÉE.

ÉMOTIONS

PRIORITÉS + 1 À 3 OBJECTIFS POUR LA JOURNÉE

ATTITUDE, ÉTAT D'ESPRIT, POUR ATTEINDRE CES OBJECTIFS

Le soir, avant le coucher, la journalisation permet de vous accorder un temps pour regarder ce qu'il s'est passé dans votre journée. Vous pouvez noter, par exemple, votre gratitude pour votre santé, pour les gens qui vous entourent, pour votre environnement et pour vos petites victoires du jour qui s'achève.

Essayez également de tenir votre journal chaque fois que vous ressentez des émotions fortes ou négatives tout au long de votre journée. Semblable à la méditation, à une promenade en forêt ou à une discussion avec un ami intime, la journalisation de ce que vous vivez vous procurera un sentiment libérateur, qui pourra s'avérer thérapeutique par la suite.
Sur le plan pratique, certains de mes clients ont pris l'habitude d'écrire sur support numérique – ordinateur, tablette ou même smartphone. À l'ère numérique, il existe même des applications dédiées. Je reste, pour ma part, plutôt attachée au format traditionnel : un joli carnet qui rentre dans mon sac à main pour pouvoir l'emporter partout, un stylo, et pourquoi pas quelques crayons de couleur pour dessiner !

La journalisation m'a aidée à découvrir des trésors que je n'imaginais pas. J'espère vous avoir donné l'envie d'essayer cette pratique très enrichissante.
Au fil de la lecture de cet ouvrage, vous découvrirez divers exercices en lien avec les sujets abordés. Je vous encourage à utiliser les espaces de note disponibles et pensés dans ce livre pour commencer à vous habituer à ce format ; vous pouvez également noter vos questions et vos découvertes dans votre journal personnel. Si vous n'en avez pas, je vous conseille de vous munir d'un carnet qui vous plaît et que vous pourrez utiliser en parallèle de votre lecture si vous le souhaitez. Démarrez dès à présent votre envol !

Découvrir son authenticité

ON NE SAIT RIEN DE SOI.
On croit s'habituer à être soi, c'est le contraire.
Plus les années passent,
ET MOINS ON COMPREND
qui est cette personne au nom de laquelle
on dit et on fait les choses.

Amélie Nothomb, *Les Catilinaires*

« Être authentique » signifie simplement « être réel, congruent et... soi-même ». C'est-à-dire arrêter d'essayer d'être quelqu'un d'autre, laisser tomber le masque et laisser transparaître sa personnalité, ses croyances, ses valeurs et ses opinions.

Mais être soi-même est bien plus difficile qu'il n'y paraît. Nous sommes continuellement conditionnés par des facteurs extérieurs et des personnes de notre entourage qui, a priori, nous empêchent d'être qui nous sommes vraiment et de montrer notre authenticité.

Depuis notre enfance, la société nous inculque des normes pour que nous puissions vivre en collectivité. Or elles répriment bien souvent ce que nous sommes au fond de nous. Il est normal que nous ayons besoin de normes ; cependant, il nous arrive parfois de les appliquer de manière trop drastique. C'est là que nous commençons à ne plus être vraiment nous-mêmes.

J'ai lu de nombreux ouvrages, j'ai suivi des tutoriels à la pelle sur la Toile, je me suis déplacée à de nombreux ateliers collectifs ; et pourtant, lorsque j'ai démarré mon activité de coach, je portais un masque et je n'étais pas vraiment moi-même. J'ai mis du temps et je me suis remise en question de nombreuses fois avant d'oser montrer ma différence, mon côté unique. Je me suis rendu compte que, si les gens venaient en coaching avec moi, c'était pour être accompagnés par moi, et non par un autre coach. C'est bien ma personnalité – mon *vrai moi* – qu'ils avaient choisie.

Oser se découvrir soi-même

Connaître, découvrir et exposer notre *moi authentique* nous permet d'être en harmonie avec nous-mêmes. La première fois que nous y parvenons, nous ressentons un équilibre en nous, et tout nous semble alors couler de source.
Cependant, le chemin est long et semé d'embûches, car, en réalité, nous nous connaissons assez peu. Tout au long de notre vie, nous évoluons sous une carapace qui cache notre véritable essence ; ce qui nous donne l'impression d'être le *moi* que nous donnons à voir aux autres.
En fait, nous vivons presque toujours en étant ce que les autres attendent de nous. D'ailleurs, il se pourrait bien que la découverte de notre *moi authentique* génère de la peur. Et, même si nous ne le voyons pas, ce qui nous entoure nous a construits. Changer cette construction paraît incroyablement périlleux, presque inatteignable.

Pourquoi n'avons-nous pas encore découvert notre *moi authentique* ?

Avoir peur de reconnaître nos imperfections, tenter de camoufler nos défauts et nos faiblesses pour éviter le jugement des autres, se sentir vulnérables face à tout ce qui est désagréable, et esquiver, ne pas

assumer les erreurs, vouloir à tout prix être agréables avec les autres quoi qu'il nous en coûte… Voici quelques-unes des raisons pour lesquelles nous nous refusons tous à être nous-mêmes et à dévoiler au grand jour la personne que nous sommes réellement.
Il est normal de ressentir des craintes. Cependant, vous rendez-vous compte de tout ce que nous perdons en ne les regardant pas en face ? En continuant ainsi à dissimuler notre authenticité, nous ne serons jamais pleinement comblés, et nous ne nous aimerons jamais assez.
Alors osons ! Faisons tomber nos masques, et soyons vrais ! C'est un chemin difficile, mais, lorsque nous parvenons à faire tomber le masque de notre moi social, nous nous apercevons qu'il est quasiment impossible de revenir en arrière.

Nobody's perfect[6]

Des études démontrent que, professionnellement, nous gaspillons plus de 30 % de notre énergie et de notre temps à *paraître* plutôt qu'à *être*. Dans la sphère personnelle, il suffit de regarder le temps que nous accumulons sur les réseaux sociaux pour en déduire qu'il en va de même. Nous devons pourtant apprendre que nous ne ferons pas toujours l'unanimité. De plus, prétendre être quelqu'un que nous ne sommes pas ne provoque en nous qu'une perte inutile et importante d'énergie. À vivre constamment dans le *paraître*, nous accumulons la fatigue ; et à un moment donné surgissent problèmes, pertes de repères, incompréhensions, frustrations…
Fort heureusement, nous ne pouvons pas plaire à tout le monde ! C'est quelque chose de tout à fait normal, et que nous devons accepter. Certaines personnes ne nous apprécient pas ; de la même manière que nous ne pouvons pas en supporter certaines.

6. « Personne n'est parfait ».

Et que dire de la peur de commettre des erreurs ? Ces erreurs nous permettent d'avancer, de nous améliorer et d'apprendre chaque jour quelque chose de nouveau. Les erreurs et les échecs ne doivent plus nous rendre honteux, car il n'y a rien de plus éloigné de la réalité. J'aime dire qu'ils nous font *grandir*.
Enfin, que dire de nos forces et de nos faiblesses ? Nous devons cesser de les négliger, car elles nous appartiennent, elles forment la personne que nous sommes. Une meilleure stratégie est d'apprendre à les développer et à les assumer, comme des parties de nous-mêmes, et contre lesquelles nous ne pouvons pas lutter.

Il m'arrive fréquemment d'être étonnée de l'incroyable beauté de certains objets. Je garde en mémoire un imposant et majestueux vase en verre de Murano posé sur un guéridon dans le hall d'un hôtel de Sicile où j'ai séjourné, il y a quelques années avec ma famille. Un vase unique et pourtant si fragile, me rappelant sans cesse que nos vulnérabilités sont des atouts – la finesse du verre et la taille de ce vase en témoignaient.

Lorsque j'ai accueilli Stéphanie, cheffe de projet dans le secteur tertiaire, elle m'a confié avoir de grosses lacunes en expression écrite. Elle qui, pourtant, a fait des études supérieures est incapable de préparer une présentation. Elle est très complexée de cela, même si, au fil du temps, elle a développé des stratagèmes ingénieux pour éviter d'être confrontée à ce type de tâche. Elle m'explique même qu'elle s'attend souvent à un appel des Ressources humaines de son entreprise pour la recadrer. Nous avons travaillé ensemble pour transformer ce complexe en pépite. Comme le vase de Sicile, Stéphanie a utilisé sa vulnérabilité pour mettre en place un nouveau format de réunion. Elle a accepté cette faiblesse et l'a utilisée pour transformer son quotidien au travail. Elle a osé se lancer dans les ateliers de facilitation. Comme le dit le proverbe africain, « Seul on va plus vite, ensemble on va plus loin ». Aujourd'hui, Stéphanie anime des groupes de travail mettant l'intelligence collective au service de son entreprise.

Bref, personne n'est parfait !

L'absolue perfection ne se trouve pas dans la perfection en soi, mais bien dans l'imperfection. Nous sommes tous différents et uniques, nous devons l'accepter plutôt que d'en avoir honte.

Dans son livre *Le Pouvoir de la vulnérabilité*[7], Brené Brown indique que ce qui est à la base de tous ces sentiments de honte, c'est une énorme vulnérabilité. Elle développe ainsi l'idée que, pour pouvoir entrer pleinement en relation avec les autres, nous devons nous montrer tels que nous sommes, véritablement.

Brené Brown a ainsi mené une étude sur un ensemble de personnes qui pensaient mériter l'amour et le sentiment d'appartenance qu'ils recevaient des autres. En analysant attentivement les interviews de ces personnes, elle a détecté un premier point commun : *le sens du courage*. Elle explique : « Ces personnes étaient disposées à abandonner l'idée qu'elles se faisaient de ce qu'elles auraient dû être, de façon à être qui elles étaient ; ce qui est un impératif absolu pour entrer en relation avec les autres. » Le second point commun découvert par Brené Brown est *l'acceptation*. En effet, toutes ces personnes acceptaient complètement leur vulnérabilité. Elles pensaient que ce qui les rendait vulnérables les rendait également belles !

Un jour d'été, alors que nous nous amusions à plonger du bord de la piscine, j'ai eu cet échange avec mon fils de 9 ans :

— Regarde, maman, je plonge parfaitement ! Je suis parfait ! Hein, maman, je suis parfait ? dit-il avec fierté tout en cherchant mon approbation.

7. Guy Trédaniel éditeur, 2012, 2014.

— Oui, mon chéri, tu es parfait !

Deux plongeons plus tard, il a fait un joli plat bruyant sur le buste.

— Tu as vu, maman, je l'ai loupé, celui-là. Je ne suis donc pas parfait.

— Eh bien non, effectivement, mon chéri.

Et, alors que je m'apprêtais à lui expliquer que, en réalité, personne n'est parfait, il me dit :

— Maman, je suis parfait parce que je suis imparfait !

Alors pourquoi s'acharner à vouloir être quelqu'un d'autre ? Ce n'est qu'en étant nous-mêmes que nous sommes en harmonie avec notre entourage.

Plus nous sommes nous-mêmes, plus nous sommes heureux, et plus nous attirons de *belles* personnes. Ainsi, lorsque nous savons qui nous sommes et ce que nous sommes, nous fonctionnons avec intégrité, et nous vivons en harmonie avec nos valeurs et nos objectifs ; nous avons une sorte de boussole intégrée pour nous guider vers des relations positives et précieuses, loin des négatives.

Toutes les expériences commencent de l'intérieur ; et notre vie sociale ne fait pas exception. Si nous voulons attirer des personnes vraiment influentes dans notre vie, nous devons savoir comment nous désirons être influencés. Nous devons vraiment être qui nous sommes, et agir avec authenticité dans notre vulnérabilité, pour inviter les autres dans les bons domaines de notre existence.

La fausse croyance selon laquelle il faut *rentrer dans le rang* pour s'intégrer doit quitter notre esprit. C'est un canular ! Cessons de croire à tous ces mythes, et libérons notre moi authentique !

Quand je regarde ma vie, je me rends compte que c'est dans les moments où je suis sortie du rang et que j'ai cessé de me mentir que j'ai été la plus épanouie. C'est cette clé qui, inconsciemment, m'a donné la force de franchir le cap de ma transformation, et de donner un nouveau sens à ma vie quand je me suis lancée dans le coaching.

Je vous invite à présent à initier la découverte de votre vrai moi, en allant à l'écoute de votre entourage et en accueillant son feedback.

DÉMARREZ VOTRE QUÊTE D'AUTHENTICITÉ

Choisissez au moins 5 de vos proches

Parmi vos amis, votre famille, vos connaissances... Essayez de mixer suffisamment.

Posez-leur les questions suivantes

Par mail, ou simplement en leur demandant oralement :

- PEUX-TU ME DONNER 3 ADJECTIFS QUI ME RÉSUMENT ?
- QUELLES SONT MES PLUS GRANDES FORCES ?
- QUELS SONT LES ÉLÉMENTS QUI ME DIFFÉRENCIENT ?
- COMMENT ME DÉCRIRAIS-TU À UNE AUTRE PERSONNE ?

Indiquez à votre interlocuteur qu'il n'est pas nécessaire qu'il justifie ses réponses, et accueillez ce qui vient avec bienveillance et sans jugement.

Notez les réponses reçues

NOM DES AMIS / QUESTIONS					
3 ADJECTIFS QUI ME RÉSUMENT					
MES PLUS GRANDES FORCES					
LES ÉLÉMENTS QUI ME DIFFÉRENCIENT					
MA DESCRIPTION À UNE AUTRE PERSONNE					

QUE REMARQUEZ-VOUS ?

QUELS SONT LES POINTS COMMUNS ENTRE TOUTES CES RÉPONSES ?

QUELLES RÉPONSES VOUS SURPRENNENT ?

QU'EN DÉDUISEZ-VOUS ET QU'APPRENEZ-VOUS ALORS SUR VOUS-MÊME ?

J'ai proposé cet exercice à Nina, jeune entrepreneuse dans l'événementiel, alors qu'elle avait des soucis. Elle n'arrivait pas à trouver suffisamment de clients pour faire prospérer son business, elle sentait que quelque chose n'allait pas. Nina est une jeune femme dynamique et joyeuse – elle a toujours le sourire, lorsqu'elle vient en séance. Vraie baroudeuse, elle est passionnée de voyages et affectionne par-dessus tout l'Amérique latine qu'elle décrit comme « sa deuxième maison ». Avec elle, il faut que ça bouge. Lorsqu'elle n'est pas à l'étranger, elle pratique de nombreuses activités lui permettant de se reconnecter aux cultures qu'elle chérit – la salsa est son passe-temps favori.

Au travers des retours reçus des huit proches qu'elle a questionnés, elle remarque que ces derniers ne cessent de lui répéter à quel point elle est « ludique », « pétillante » et « joyeuse », dans sa vie personnelle et dans son travail. Nina m'avoue être touchée par le retour particulier de son meilleur ami Franck qui lui a écrit qu'elle vit « une vie en couleur ». Nina a complètement éclipsé cet aspect de sa personnalité, voulant trop bien faire. En créant sa société, elle a inconsciemment mis un masque de *sérieux* sur tout. Lors de la séance de débriefing, je lui fais ouvrir son site internet. Nina éclate de rire, comme pour se moquer d'elle-même. Son site est fade, paré de couleurs froides et sombres, démontrant certes les aspects sérieux qu'un client peut chercher quand il fait appel à un fournisseur, mais totalement dénué de personnalité. Rien à voir avec la Nina joyeuse, amusante et passionnée !

Dans les jours et semaines qui suivent, Nina commence à laisser transparaître une partie de cet enjouement. Elle revoit totalement le contenu de son offre ainsi que son site, s'autorisant une très large palette de couleurs et de motifs. Elle s'amuse à faire cela et se lance dans la prospection avec plus de cœur.

Quelque temps plus tard, au détour de notre conversation de clôture de coaching, elle me confie que, dorénavant, elle sent que les clients la choisissent pour qui elle est vraiment. Elle n'est pas dupe et se rend aussi compte que certains prospects ne la choisissent pas pour les mêmes raisons, et « c'est tant mieux, car on ne peut pas plaire à tout le monde » !

NOTRE PEUR LA PLUS PROFONDE
n'est pas que nous ne soyons pas à la hauteur.
Notre peur la plus profonde
est que nous soyons puissants au-delà de toutes limites.
C'est notre lumière, et non nos ténèbres,
qui nous effraie le plus.
NOUS NOUS DEMANDONS :
QUI SUIS-JE POUR ÊTRE BRILLANT, MAGNIFIQUE,
TALENTUEUX ET FABULEUX ?
EN FAIT, QUI ES-TU POUR NE PAS L'ÊTRE ?
TU ES UN ENFANT DE DIEU.
Te restreindre et voir petit ne rend pas service au monde.
IL N'Y A RIEN DE BRILLANT À SE DIMINUER AFIN
QUE LES AUTRES NE PUISSENT PAS SE SENTIR
MENACÉS AUTOUR DE TOI.
Nous sommes tous nés pour briller,
comme des enfants le font.
Nous sommes nés pour rendre manifeste
la gloire de Dieu qui est en nous.
Elle n'est pas seulement chez certains d'entre nous,
elle est en chacun de nous.
Alors que nous laissons notre propre lumière briller,
inconsciemment nous donnons aux autres
la permission d'en faire de même.
ALORS QUE NOUS NOUS LIBÉRONS DE NOTRE PROPRE PEUR,
NOTRE PRÉSENCE LIBÈRE AUTOMATIQUEMENT LES AUTRES.

Marianne Williamson, *Un retour à l'amour*

Explorer sa mission de vie

SI NOUS FAISONS FACE À LA BONNE DIRECTION,
tout ce que nous avons à faire
est de continuer à marcher.

Proverbe bouddhiste

J'accompagne Jérôme dans le cadre d'un cycle de 10 séances de coaching professionnel. Il est ingénieur dans l'industrie pharmaceutique, et ce cycle d'accompagnement lui a été proposé par les Ressources humaines de son entreprise dans le cadre d'un parcours interne nommé « Tous leaders ». Lors de la première séance, Jérôme a exprimé son souhait de « trouver sa place au sein de sa nouvelle équipe ». En effet, cela fait trois mois qu'il a intégré le service Recherche et développement de l'entreprise, regroupant huit ingénieurs pluridisciplinaires, et il sent qu'il n'arrive pas à s'affirmer dans son poste ni à se faire comprendre par ses pairs ni à prendre des initiatives. Il se sent frustré, car cela faisait deux ans qu'il attendait cette mutation interne.
Quelques minutes avant de clôturer sa troisième séance, Jérôme devient totalement silencieux, et je perçois une lueur d'amertume et une émotion profonde dans son regard. Je lui tends la boîte de mouchoirs. Le silence l'aide à se poser, et, petit à petit, les mots

viennent : « Je n'en peux plus, pendant toute ma vie, j'ai fait ce qu'on attendait de moi. Je suis ingénieur, au grand plaisir de mes parents et grands-parents, mais moi, je voulais faire du cinéma. Aujourd'hui, je me rends compte que je subis chaque journée passée au bureau, mais pas seulement. Ça devient trop lourd... »

Dans la situation de Jérôme, il n'est nullement question de revenir en arrière et de gratter les éléments du passé : la famille, l'éducation, ou le système dans sa globalité. Il a une relation d'adulte à adulte très équilibrée avec ses parents. Jérôme est très reconnaissant de tout l'amour que ces derniers lui ont donné et des efforts qu'ils ont dû faire pour lui permettre de financer ses études. À présent, il est question d'accompagner Jérôme à vivre une vie épanouie, une vie où il sera authentique à chaque instant, une vie alignée avec lui-même, une vie où il sera en mesure de prendre des décisions qui feront sens pour lui, une vie en adéquation avec ses valeurs profondes.

Au fil des semaines suivantes, entre séances de coaching et moments d'introspection personnelle, Jérôme commence à y voir plus clair. Il a levé un gros doute et m'indique aimer son métier d'ingénieur et réussir, à présent, à intégrer sa fibre créative dans son quotidien. Deux collègues de sa nouvelle équipe lui ont fait des remarques positives à ce sujet la semaine passée, lui laissant entrevoir le champ des possibles. Un retour positif qui résonne comme une bouffée d'oxygène, lui permettant de franchir une nouvelle étape personnelle.

Trouver sa mission de vie n'est pas toujours aussi déroutant ou spectaculaire que pour Jérôme. De nombreuses personnes se sentent bien là où elles sont, mais sont dans le doute ou ont simplement besoin de clarifier, de nommer ou d'approfondir en explorant leurs sensations, leurs émotions et les pensées récurrentes qui les traversent.

Quelle route prendre ?

Une vie sans but précis, c'est comme conduire sans connaître ni la destination ni la direction. Nous nous mettons en route, nous avançons, et, lorsque nous n'avons plus d'essence, notre moteur s'essouffle, et nous mourons avec nos regrets. C'est loin de ressembler à une aventure agréable ! Alors qu'une vie avec un objectif clair s'assimile plutôt à conduire avec un bon GPS. Cela ne va pas prédire tout le parcours avec précision, mais nous guider sur le chemin le plus approprié. Sur la route, nous devrons encore :

- CHANGER DE FILE SI NOUS SOMMES SUR L'AUTOROUTE (ADAPTER NOTRE CHEMIN DE VIE) ;
- IMPROVISER POUR TROUVER UNE ROUTE ALTERNATIVE EN CAS DE TRAVAUX NON SIGNALÉS (RÉAGIR AUX OBSTACLES DE LA VIE) ;
- FAIRE LE PLEIN (PRENDRE DES PAUSES POUR NOUS RÉGÉNÉRER).

Ainsi, malgré ces détours, le GPS continue de nous guider vers notre objectif. En suivant ainsi notre mission de vie, nous apercevons notre but.

Les 5 regrets d'une vie

L'auteure australienne Bronnie Ware a été infirmière en soins palliatifs. Son premier livre, *Les 5 Regrets des personnes en fin de vie*[8], est émouvant. Elle y retrace les témoignages bouleversants de personnes en fin de vie, et fait ressortir de ces expériences intenses les cinq regrets récurrents exprimés par ses patients lors de leurs

8. Guy Trédaniel éditeur, 2013.

derniers moments. Ces cinq phrases résonnent comme des leçons de vie qui suscitent un grand questionnement sur notre fonctionnement actuel, alors que nous, nous allons bien.

« J'aurais souhaité avoir le courage de vivre la vie que je voulais, non pas celle que les autres attendaient de moi. »

Ne laissons personne briser nos rêves, et faisons ce que nous avons profondément envie de faire.

« J'aurais dû consacrer moins de temps à mon travail. »

Il est honorable et même souhaitable d'aimer son travail. Ça l'est moins lorsque le travail prend une place trop importante, au détriment des personnes qui nous entourent.

« J'aurais aimé avoir le courage d'exprimer mes sentiments. »

S'exprimer quand nous aimons, s'exprimer quand nous sommes irrités, et ainsi ne jamais rester avec nos non-dits.

« J'aurais souhaité rester en contact avec mes amis. »

Pardonner les vieilles brouilles, ne pas laisser le temps nous séparer des autres. Les relations nous donnent l'énergie pour avancer.

« J'aurais dû m'autoriser à être plus heureux. »

Apprécions donc les bons moments de la vie, cultivons-les et partageons-les avec nos proches.

Maintenant, préparez-vous à une introspection ! N'oubliez pas de vous placer à nouveau dans un endroit calme, et munissez-vous de votre carnet de notes. Lisez attentivement ce qui suit.

LE MESSAGE DE VOTRE MOI FUTUR

Imaginez-vous dans la dernière période de votre vie, dans de nombreuses années. Vous avez toutes vos facultés physiques et mentales, vous n'êtes pas malade. Vous avez simplement vieilli et traversé toutes les étapes de votre vie tel un vieux sage.

Placez un minuteur sur « 3 minutes » ou, simplement, écoutez un morceau de musique inspirant, et prenez ce temps pour vous écrire une lettre à vous-même à votre âge actuel.

Durant cet exercice, ne vous arrêtez jamais d'écrire. Si les mots ne viennent pas, n'hésitez pas à écrire des « bla-bla-bla… » Ne tenez compte ni de l'orthographe ni de la mise en forme.

Cette lettre commence par :

« Ce que je peux te dire de ta vie écoulée, c'est… » ou « Ce dont je suis le plus fier dans ta vie, c'est… »

À la fin de l'exercice, revenez à vous, dans le moment présent, et lisez le texte. Que remarquez-vous ? Qu'apprenez-vous sur vous-même ?

Direction *versus* destination

En accompagnant des personnes qui souhaitent améliorer leur potentiel, j'ai découvert que, lorsque nous regardons vers l'avenir, nous avons tous tendance à définir deux types d'objectifs : des objectifs basés sur la direction, et des objectifs basés sur la destination. Aucun des deux types d'objectifs n'est meilleur ou pire. Aucun type n'est plus avantageux que l'autre. En fait, les deux sont importants et, finalement, s'influencent l'un l'autre.

Les objectifs axés sur la direction reposent sur la pratique. Ils sont de nature subjective. Un exemple pourrait être : « Je vais me remettre en forme. » Généralement, ils vous orientent vers une meilleure qualité de vie. Lorsqu'il s'agit de ce type d'objectif, la réalisation est fluide, et le succès est mesuré sur une échelle mobile.

Les objectifs basés sur la destination sont ancrés sur un résultat final et tangible. Ils sont directement en lien avec l'action et sont facilement quantifiables. Un objectif de ce type pourrait être : « Je veux perdre cinq kilos. » Lorsqu'il s'agit de ce type d'objectif, nous sommes focalisés sur le résultat, c'est-à-dire sur l'atteinte de l'objectif, sur sa réalisation – la façon d'y parvenir n'a que peu d'importance.

Les deux types d'objectifs sont nécessaires au progrès et à l'amélioration personnelle ou professionnelle. Souvent, c'est l'aboutissement de plusieurs objectifs basés sur la destination qui vous permet, en fin de compte, d'atteindre un objectif basé sur la direction.

Prenons un exemple. Vous vous êtes peut-être fixé comme objectif de trouver un emploi plus lucratif. Bien que vous ayez un domaine d'activité en tête, vous ne savez pas quel travail spécifique vous pourriez espérer trouver. Cet objectif implique un sens de l'intention plutôt qu'une action spécifique et un résultat quantifiable – il est donc orienté *direction*. Pour l'atteindre, vous pouvez définir plusieurs objectifs basés sur la destination.

Vous allez donc définir des actions, spécifiques et quantifiables, à mettre en place qui vous rapprocheront de plus en plus de l'objectif ultime. L'une d'elles pourrait être de s'abonner à une newsletter ou à une publication particulière sur votre domaine de prédilection. Une autre pourrait être d'assister à un événement de réseautage régulier afin d'établir cinq nouveaux contacts professionnels. Ou peut-être déciderez-vous d'embaucher un expert pour réorganiser votre CV. Chacun de ces objectifs basés sur la destination est de nature objective et a une fin clairement identifiable en vue.

Prenons, à présent, un autre exemple. Vous vous êtes fixé l'objectif réaliste et ambitieux d'obtenir 10 nouveaux clients, ce prochain trimestre. Objectif quantifiable qui, a priori, vous met la barre haut. Comme pour l'objectif précédent, vous allez ensuite vous fixer des actions intermédiaires qui seront également orientées *destination* : réaliser une communication spécifique sur les réseaux sociaux,

contacter l'ensemble de vos clients existants pour leur proposer de faire fonctionner le bouche-à-oreille, etc.
En positionnant un objectif orienté vers la destination, il faut prendre en considération plusieurs aspects : que se passera-t-il si vous n'obtenez « que » 8 nouveaux clients ? Quelle est votre limite basse, c'est-à-dire la limite à partir de laquelle vous obtiendrez déjà satisfaction ? Que se passera-t-il quand vous aurez atteint les 10 ? Allez-vous continuer ou arrêter là votre prospection ? Souvent, en nous posant ce type de question, nous arrivons à découvrir un objectif sous-jacent. Dans notre exemple, cela pourrait être : développer rapidement une clientèle, ou être reconnu par mes collègues comme un excellent commercial, etc.

Dans l'exercice qui suit, vous allez clarifier et poser vos objectifs personnels en distinguant les deux approches direction et destination. Profitez également de ce temps pour donner corps à ces objectifs en puisant dans votre créativité. Laissez libre cours à votre imagination !

VOS OBJECTIFS PERSONNELS

Je vous propose de prendre un moment pour déterminer si vous avancez dans une direction ou vers une destination. Le questionnement est le suivant :

- QUELS OBJECTIFS VOUS ÊTES-VOUS FIXÉS ? SONT-ILS ORIENTÉS DESTINATION OU SONT-ILS ORIENTÉS DIRECTION ?

Imaginez vos objectifs. Comment peuvent-ils prendre vie dans votre quotidien ?
Ici, schématisez, dessinez, collez.
Ceci est votre espace créatif !

POUR VOS OBJECTIFS ORIENTÉS DIRECTION, QUELS POURRAIENT ÊTRE LES 3 PREMIERS OBJECTIFS DESTINATION QUE VOUS POURRIEZ POSER ?

POUR VOS OBJECTIFS ORIENTÉS DESTINATION, Y A-T-IL UN OBJECTIF AXÉ DIRECTION SOUS-JACENT ? ET, POUR RÉPONDRE À CETTE QUESTION, JE VOUS DEMANDE :

Que se passera-t-il si vous n'atteignez pas cet objectif ? Quelle est votre limite basse, c'est-à-dire la limite à partir de laquelle vous obtiendrez déjà satisfaction ?

Que se passera-t-il lorsque vous aurez atteint cet objectif ? Allez-vous continuer, ou vous arrêter là ?

Gare au piège !

Nous commençons à percevoir qu'il existe une distinction subtile mais profonde entre une direction claire et une destination arrêtée, décidée d'avance. Nous verrons, dans cet ouvrage, que définir sa mission de vie – c'est-à-dire définir la direction de notre vie – demande beaucoup d'efforts de réflexion personnelle. Ironiquement, notre concentration et nos compétences sur la définition de cette direction sont parfois si aiguës que nous nous attachons involontairement et profondément au résultat.
Plus notre plan pour y arriver est stratégique, plus les résultats attendus sont figés dans notre calendrier. Ce qui était une direction saine est pris au piège de notre propre désir. Nous nous transformons en maîtres d'œuvre de notre vie, suivant mécaniquement et presque automatiquement le plan de l'architecte créatif et ingénieux que nous étions quelques instants plus tôt, sans remettre en question ses plans et son calendrier face aux imprévus du terrain, nous limitant ainsi à ce désir initial.
Bien fréquemment, nous ne voyons pas cela venir. La réflexion *direction/destination* partage de nombreuses similitudes. Dans les deux cas, le processus naturel que nous utilisons pour établir nos objectifs est basé sur deux points majeurs : d'une part, l'imagination – nous imaginons ce que nous voulons obtenir –, et d'autre part, la responsabilisation – nous nous tenons responsables de prendre des mesures au nom de nos aspirations.

La distinction vient quand la pression grandit et que le plan établi devient flou. Nous nous sentons alors de plus en plus perdus. Nous ne pouvons pas voir ce que la vie nous offre d'autre. Nous oublions que la vie, elle-même, n'est pas une destination, mais un processus libre et créatif.

Il demeure donc important de définir une direction qui peut à la fois nous motiver, nous inspirer et nous interpeller. Cette direction doit avoir la marge de manœuvre nécessaire pour nous permettre d'expérimenter, de nous poser des questions et d'être curieux. Ainsi, elle nous offre la liberté de réussir d'une manière que nous n'avons peut-être pas imaginée au départ – c'est-à-dire, pas incluse dans le plan initial – et de réussir également lorsque le déroulement ne fonctionne pas comme prévu.

Choisir une direction, marcher sur son chemin, expérimenter, tirer les enseignements, ajuster le cap... Il y a de la place pour être léger et positif tous les jours. Le maître d'œuvre est alors un véritable capitaine de navire, il choisit son bateau et décide du moment opportun pour sortir la voilure, du prochain cap à prendre, et de l'endroit où accoster !

Les scénarios du *pas assez*

Certaines personnes mesurent le succès à la richesse qu'elles ont accumulée, au pouvoir qu'elles ont obtenu, ou au statut qu'elles ont atteint. Pourtant, même si elles sont parvenues au succès au-delà de leurs rêves les plus fous, elles ont toujours un sentiment de vide dans leur vie. Alors, pour combler ce vide et être complètement comblées dans la vie, elles sont perpétuellement à la recherche de quelque chose de plus – le fameux *pas assez*. Voici quelques scénarios qui illustrent parfaitement cette sensation de vide.

Seul au sommet

« J'étais obsédé par l'idée d'atteindre le sommet. Cependant, quand j'y suis arrivé, j'ai appris que ce n'était pas tout à fait ce que j'avais espéré y trouver. Je me rends compte, maintenant, que ma recherche perpétuelle d'avancement a sérieusement compromis ma capacité à passer du temps de qualité avec ma famille, à établir des relations significatives avec mes amis, ou à entreprendre des activités nourrissantes pour moi-même. »

Assez n'est jamais assez

« J'ai passé ma vie à me comparer aux autres. Depuis mon plus jeune âge, où je comparais mes jouets aux jouets de mon voisin, jusqu'à mes 40 ans, où je comparais la superficie de ma maison à celle de ma sœur – comme si l'important était de faire le meilleur score. Ça fait du bien pendant un moment, mais chaque *high score* est éphémère. J'ai compris que si je n'y prêtais pas attention, le jeu de la vie pouvait devenir une véritable obsession – il y aura toujours des gens qui auront plus que moi. »

J'ai vendu mon âme

« J'aurais tout donné pour réussir. J'ai menti, triché, trahi et même vendu mon âme au diable. Je comprends maintenant que, même si j'ai acquis la gloire et la fortune, les gens ne m'aiment pas et ne me respectent pas. Sachant ce que j'ai fait, j'ai du mal à vivre avec moi-même, et les autres semblent être d'accord avec cela. »

Des travaux et pas de jeu

« J'ai toujours été la première personne à arriver au bureau, et la dernière à partir. Alors que ma vie professionnelle a été un succès retentissant, ma vie personnelle a été un désastre. Je me suis rendu compte que le travail a beaucoup pesé sur les autres domaines de ma vie. Jusqu'ici, je n'ai profité que d'un seul pan de tout ce que la vie pouvait offrir. J'ai oublié de m'amuser, de jouer, de rire et de profiter. Je devrais équilibrer mieux ma vie ; moi seul peux y parvenir. »

Tous heureux, sauf moi

« Je n'ai jamais déménagé ou même acheté une voiture sans avoir d'abord demandé l'approbation de mes amis et de ma famille. Ils me semblent heureux, alors que je me sens si misérable. J'apprécie maintenant que mon opinion compte aussi. Et compter sur les autres pour me décider n'est qu'une échappatoire. Après tout, c'est ma vie. »

Dans le futur, plutôt que dans le présent

« J'ai passé une grande partie de ma vie à penser à ce que j'allais faire le lendemain. Maintenant que je suis plus âgé, je me retrouve face à la réalité que mes jours ne dureront pas éternellement. J'aurais aimé avoir appris à savourer chaque moment spécial tel qu'il s'est passé. »

Lorsque l'un de ces scénarios pointe le bout de son nez, il est temps d'en tirer les enseignements et de corriger le cap. Identifiez-le et mettez en lumière les différentes répercussions qu'il a sur votre vie et votre mission.

TIREZ LES **ENSEIGNEMENTS** DU PASSÉ

QUEL SCÉNARIO *PAS ASSEZ* AVEZ-VOUS DÉJÀ JOUÉ DANS VOTRE VIE ?

COMMENT AVEZ-VOUS GÉRÉ CE SCÉNARIO ?

QUELS ENSEIGNEMENTS EN TIREZ-VOUS ?

COMMENT CELA INFLUENCE-T-IL VOTRE CAP ACTUEL ?

Pourquoi est-il utile de connaître sa mission de vie ?

En clarifiant et nommant notre mission de vie, nous allons enfin savoir quelle direction prendre. Cela nous apporte le discernement nécessaire pour concentrer notre énergie et nos efforts au quotidien. Ainsi, nous restons plus focalisés, et nous avons même le pouvoir d'attirer sainement les ressources des autres pour atteindre nos propres objectifs.

Pour certaines personnes, l'orientation de leur carrière est directement alignée à leur mission de vie. Par exemple, un médecin œuvrant contre le cancer a un métier aligné avec sa mission de vie qui est de *combattre la maladie*. Chez d'autres, leurs missions de vie sont moins directement liées à leur carrière, mais peuvent tout de même se manifester dans leurs orientations professionnelles. Par exemple, un comptable dont la mission de vie est d'*aider les autres à libérer leur potentiel* pourra être comblé par un poste de leader d'équipe pouvant encadrer et préparer les comptables juniors.

Faut-il changer de carrière ?

Nous pouvons envisager de changer complètement de carrière, ou de diversifier nos activités professionnelles dans le cadre de notre carrière actuelle, ou même de nous réaliser en faisant du bénévolat.

Finalement, tant que nous restons sur le chemin de l'accomplissement de notre mission de vie, nous vivons une vie pleine de joie et d'expériences riches. Nous sommes légitimés par les personnes partageant les mêmes idées que nous.

Jérôme (dont nous avons parlé plus haut) est toujours ingénieur dans la même entreprise. Il a changé de hobbies et passe maintenant une soirée par semaine dans un club cinéphile amateur. Il est devenu président du club dès la deuxième année et organise des activités périscolaires pour faire découvrir cet art aux plus jeunes.

S'inspirer du profil particulier des « multipotentiels »

Emilie Wapnick est à la fois fondatrice et directrice créative de Puttylike, une communauté de multipotentiels. Elle est également musicienne, conceptrice de sites web, cinéaste, entrepreneuse et ancienne étudiante en droit. Elle nous explique ce qu'est la multipotentialité : « Les multipotentiels n'ont pas de véritable appel, comme pourrait l'avoir le spécialiste. Être un multipotentiel est notre destin. Nous avons de nombreux chemins, et nous les poursuivons tous, soit séquentiellement, soit simultanément (ou les deux). »

Pour de nombreux enfants et adultes surdoués, la multipotentialité peut être à la fois une bénédiction et une malédiction. Marqué par sa capacité à exceller dans de nombreux domaines, le *multipotentiel* est souvent très curieux et performant lors de tests de connaissance. C'est une véritable éponge intellectuelle, absorbant le monde qui l'entoure.

Telles les cellules-souches, leur avenir est à la fois prometteur et apparemment infini. Un étudiant doué, par exemple, peut aspirer à être médecin, poète, pilote, architecte, éditeur, banquier, entrepreneur, zoologiste, paysagiste ou enseignant. Cependant, cette gamme de choix de carrière, qualifiant le multipotentiel de « zèbre », peut également être une source de conflits profonds.

Identifier la lutte du multipotentiel

Dépassé par un large éventail d'options, l'élève doué peut souffrir d'anxiété. Paralysé par la pression de se spécialiser ou de faire un choix, il est souvent réticent à s'engager sur une voie, par crainte d'ignorer ses autres talents. Pour le passionné d'animaux, doué pour les débats publics, le coût du choix de poursuivre des études de droit est élevé, puisqu'il réduit ainsi ses chances de devenir vétérinaire.

De même, l'adulte multipotentiel peut souffrir de dépression ou d'ennui face à ses choix de carrière. Il est plus susceptible de se sentir stagnant dans sa position actuelle ou de pleurer le renoncement à des entreprises inexplorées. Il lui arrive même de manquer de but, ayant trop longtemps erré d'un champ à l'autre.

Coincé à un carrefour ?

Des résultats élevés à des tests de connaissance peuvent créer une illusion de compétence. De bons résultats en calculs statistiques au lycée ne signifient pas qu'un élève excellera comme major de promotion en mathématiques au niveau universitaire ou qu'il souhaitera exceller dans une carrière de statisticien. Pour voir si un sujet est vraiment engageant et stimulant, nous devons continuer de l'explorer au-delà de ce que propose l'enseignement standard.
Pour les adultes en reconversion, les expériences passées sont essentielles. De manière caricaturale, si on se concentre sur la dextérité manuelle requise pour être chirurgien, on sait qu'elle pourrait se transformer en compétence pour être mécanicien automobile. De même, un ancien officier de police pourrait raviver ses compétences interpersonnelles en tant que commercial. Souvent, des ensembles de compétences sous-jacentes qui semblent uniques à un métier se transfèrent facilement à d'autres.

Suivre sa propre piste

Lors de sa très célèbre conférence TED[9] intitulée « *Why some of us don't have one true calling*[10] », Emily Wapnick nous indique que, selon

9. Les conférences TED (Technology, Entertainment and Design) sont une série de conférences organisées au niveau international par la fondation à but non lucratif nord-américaine Sapling Foundation.
10. « Pourquoi certains d'entre nous n'ont pas de véritable appel. »

elle, la multipotentialité est un superpouvoir. Alors comment savoir si vous êtes doté de ce fameux superpouvoir ? Voici quelques traits permettant de reconnaître ce superpouvoir :

- LE MULTIPOTENTIEL A DES INTÉRÊTS ET DES PASSIONS DIVERS, QUI N'ONT PAS DE LIENS ENTRE EUX ;
- IL VOLE D'UN CHAMP À L'AUTRE AVEC AISANCE ;
- QUAND UN SUJET ATTIRE SON ATTENTION, IL SE PASSIONNE ET COMMENCE À L'ABSORBER AUTANT QU'IL LE PEUT ;
- TOUT AUSSI SOUVENT, IL A TENDANCE À PASSER À AUTRE CHOSE APRÈS AVOIR APPRIS CE DONT IL AVAIT BESOIN ;
- IL A LE TALENT DE RELIER LES POINTS OU DE RECONSTITUER LE PUZZLE D'UNE MANIÈRE DONT LES AUTRES SONT INCAPABLES, PARCE QU'IL A ÉTÉ EXPOSÉ À UNE VARIÉTÉ D'EXPÉRIENCES.

Et, ne nous y trompons pas, le multipotentiel n'occupe pas forcément un poste haut placé !

Fusion de voies

Dans certains cas, différents intérêts peuvent s'aligner d'une manière nouvelle et passionnante. Le technicien de laboratoire doté d'inventivité dispose à la fois des outils analytiques et de l'esprit créatif pour concevoir un nouveau traitement médical qui sauvera des vies. L'enseignant qui est également vidéaste amateur sait comment produire un contenu viral amusant que tous ses élèves pourront comprendre. Commençons à chercher des intersections entre nos domaines d'intérêt.

Laisser passer les opportunités de carrière

De façon réaliste, tous les intérêts ne peuvent pas se transformer en une nouvelle carrière enrichissante – et c'est très bien ainsi ! Il est important de se tourner vers l'intérieur et de considérer à la fois ses compétences et ses valeurs personnelles. Qu'est-ce qui nous pousse à être une meilleure personne ? Réserver ses passions au seul domaine du passe-temps peut aider à garder notre roue en mouvement.
Les multipotentiels se développent grâce aux échanges d'idées, au partage de connaissances et à l'acquisition de nouvelles compétences. En mettant sur la balance les coûts engendrés et les avantages émotionnels et financiers, il devient plus facile d'accepter que tous les intérêts ne puissent pas être poursuivis au même niveau et en même temps.

Par exemple, le travailleur social de jour, randonneur de fin de semaine, peut continuer à pratiquer la photographie de la nature comme passe-temps et contribuer à des projets de science dans sa communauté locale, avec peu d'investissement. De cette façon, les intérêts ont du sens, même si ce n'est pas la position principale.

Changement de vitesse

Le multipotentiel honorant son superpouvoir est bien équipé pour affronter le marché du travail actuel. Il a, en effet, à son actif un grand nombre d'expériences venant fleurir son curriculum vitæ, mais pas seulement. Il peut aussi être la perle rare dans une équipe professionnelle.
Comme l'a dit, un jour, l'icône et innovateur Steve Jobs : « La créativité, c'est simplement connecter les choses. Lorsque vous demandez aux créatifs comment ils ont fait quelque chose, ils se sentent un peu coupables parce qu'ils ne l'ont pas vraiment fait, ils ont juste vu

quelque chose. Cela leur est paru évident à un moment. C'est parce qu'ils ont pu connecter les expériences qu'ils ont vécues et synthétiser de nouvelles choses. Et la raison pour laquelle ils ont pu le faire, c'est qu'ils ont eu plus d'expériences ou qu'ils ont davantage pensé à leurs expériences que les autres. Malheureusement, c'est un profil trop rare. Beaucoup de gens dans notre industrie n'ont pas vécu des expériences très diverses. Donc ils n'ont pas assez de points pour se connecter, et ils se retrouvent avec des solutions très linéaires sans une large perspective sur le problème. Plus la compréhension de l'expérience humaine sera large, meilleure en sera la conception que nous aurons. »

En raison de ses expériences variées, le multipotentiel peut avoir un profil recherché sur le marché, en s'appuyant sur une multitude de titres passés, de passe-temps, et d'expériences de bénévolat, à condition de savoir les mettre en avant et de s'adresser au bon recruteur.

Atteindre votre destination

Pour l'individu doué, avoir des intérêts ou des aspirations professionnelles divers n'est pas une condamnation à mort. Nous aurions pu faire le raccourci et comparer le multipotentiel au couteau suisse, avec ses nombreux outils et lames. Le multipotentiel défaitiste pourrait se nommer « expert en rien ». Mais ni l'une ni l'autre de ces comparaisons n'est juste. Il est parfaitement possible de parcourir plusieurs routes côte à côte, tout en conservant la découverte de soi, et sans sacrifier son potentiel. Il est essentiel de trouver le bon équilibre. Pour le multipotentiel, en particulier, le voyage est tout aussi important.

Que vous soyez multipotentiel ou non, je vous invite à présent à mettre en évidence vos passions et vos talents. (Re)découvrez ensuite le célèbre outil japonais appelé ikigai et mettez en évidence les éléments faisant sens dans votre vie.

INSPIREZ-VOUS DES MULTIPOTENTIELS

- QUELS SONT VOS PÔLES D'INTÉRÊT ?

- QUELLES SONT VOS PASSIONS ?

- COMMENT VOUS COMPORTEZ-VOUS FACE À DE NOUVEAUX SUJETS ?

- QUELLES ONT ÉTÉ VOS EXPÉRIENCES PASSÉES QUI ONT ÉTÉ HÉTÉROGÈNES, AUX NIVEAUX PROFESSIONNEL ET PERSONNEL ?

EXPLOREZ VOTRE MISSION DE VIE AVEC IKIGAI

Ikigai est un mot japonais qui signifie « raison d'être, joie de vivre ». Il s'agit d'un concept datant de la période Heian s'étendant de 794 à 1185, qui a été popularisé par le psychologue Akihiro Hasegawa dans les années 2000.
Ikigai est à la fois ce qui nous pousse à nous lever le matin, ce qui nous dynamise, ce qui nous motive et une manière d'aborder les choses au quotidien pour profiter de l'instant présent. Ikigai nous fait ainsi la promesse d'exploiter pleinement notre potentiel et de nous épanouir dans la durée. Trouver son ikigai est rarement aisé et instantané, mais extrêmement gratifiant, une fois identifié.

Pour démarrer l'identification de votre ikigai, commencez par remplir les cercles avec des mots, des idées, des images ou des phrases qui s'appliquent à ce que vous aimez, ce pour quoi vous êtes doué, ce dont le monde a besoin, ce pour quoi vous êtes payé. Si cela est nécessaire, posez-vous ces questions pour préciser votre pensée :

- **CE QUE VOUS AIMEZ :** QU'EST-CE QUE VOUS APPRÉCIEZ FAIRE ? QU'EST-CE QUI VOUS TOUCHE ? QUELLES SONT VOS PASSIONS ?

- **CE POUR QUOI VOUS ÊTES DOUÉ :** QUELS SONT VOS TALENTS, ET COMMENT POUVEZ-VOUS LES DÉVELOPPER ? DE QUOI ÊTES-VOUS FIER ? QUE FAITES-VOUS D'UTILE POUR LES AUTRES ?

- **CE DONT LE MONDE A BESOIN :** COMMENT POUVEZ-VOUS APPORTER VOTRE CONTRIBUTION AU MONDE ? QUELS CHANGEMENTS VOULEZ-VOUS APPORTER AU MONDE ?

- **CE POUR QUOI VOUS ÊTES PAYÉ :** QUELLES COMPÉTENCES POUVEZ-VOUS MONÉTISER ? QUELLES SONT VOS IDÉES QUI ONT DE LA VALEUR ?

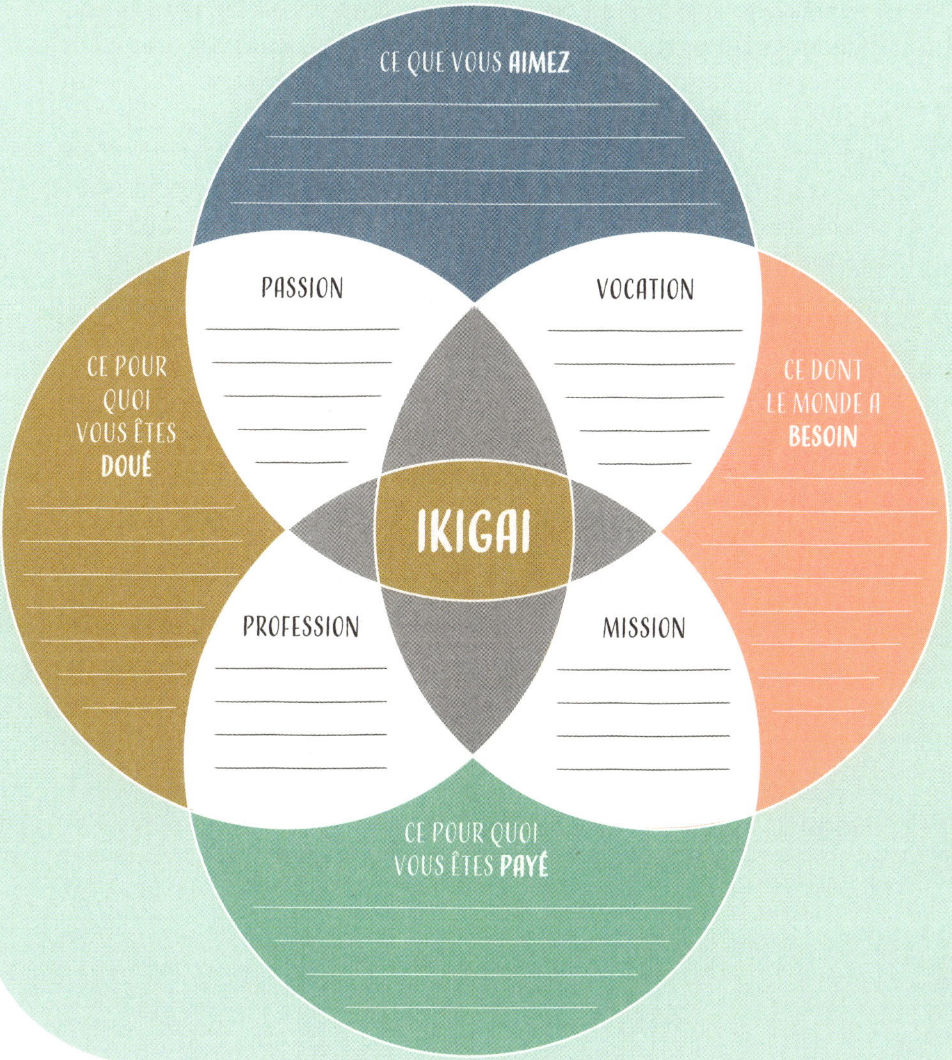

L'ikigai est le point d'union des quatre composantes fondamentales de votre vie : passions, vocation, profession et mission. En d'autres termes : à l'intersection des différents cercles, où ce que vous aimez rencontre ce pour quoi vous êtes doué, qui se lie à ce pour quoi vous pouvez être payé, et répond à ce dont le monde a besoin.

Lorsque vous pensez à chaque domaine, accueillez les idées qui arrivent avec un esprit ouvert, tout en gardant une vision d'ensemble pour découvrir les liens qui existent entre chaque cercle. Assurez-vous de remplir chaque cercle équitablement, sans quoi vous n'arriverez pas à un équilibre dans votre vie.
Plus vous avancerez, plus votre ikigai deviendra clair et cohérent pour vous. Ce travail peut prendre du temps, il est donc important de réitérer l'exercice de questionnement plusieurs fois et de laisser du temps entre chaque rond.

En prenant conscience de l'importance de la direction, nous avançons sur la piste de décollage. Fermons les yeux un instant, et imaginons la forme de notre piste, les couleurs, les formes remarquables, et même les odeurs... Nous avançons sur cette piste particulière, récoltant petit à petit les informations qui nous permettront de décoller, et de nous envoler, enfin !

Être à l'écoute de son intuition

Sois à toi-même
ton propre refuge.
SOIS À TOI-MÊME
ta propre lumière.

Bouddha

Steven Spielberg est sans aucun doute l'un des réalisateurs les plus connus au monde. Ses films, comme *E.T.*, *Les Dents de la Mer* et *Indiana Jones*, l'ont propulsé au sommet, et sont encore très appréciés aujourd'hui, au point d'être devenus cultes. Saviez-vous que c'est suite à un concours de circonstances assez singulier que le cinéma est venu à lui ? En 2006, lors d'un discours donné à l'American Academy of Achievment, il raconte comment il est devenu réalisateur, un métier qui lui a été inspiré lors d'une sortie impromptue avec son père. Il termine son discours en expliquant que devenir réalisateur était devenu un rêve. Pas le genre de rêve que nous souhaitons voir réalisé coûte que coûte, mais plutôt un appel, un murmure, comme quelque chose de plus profond, enfoui en lui depuis cette balade avec son père.

Et il rapporte : « J'ai toujours dit à mes enfants : "La chose la plus difficile à écouter – votre instinct, votre intuition personnelle – est discrète. Elle ne se montre pas et reste tapie dans l'ombre. Elle est très difficile à entendre. Si, un jour dans votre vie, vous êtes prêts à écouter son murmure, si vous pouvez l'entendre, si vous la sentez au fond de vous, si c'est quelque chose que vous sentez vouloir faire, cela se produira. Et nous profiterons tous de ce qui naîtra de cette passion." »

Dans ces mots, Steven Spielberg illustre parfaitement l'importance des rêves et de l'intuition. Explorer sa mission de vie pour clarifier sa passion et son orientation nécessite beaucoup d'introspection – ce qui ne peut être fait sans accéder à son intuition.

À la naissance, nous sommes tous dotés de cet instrument extraordinaire et pourtant très peu utilisé qu'est l'*intuition*. Cependant, l'être humain n'utilise qu'une partie de ses capacités. Nous avons certes un corps et un esprit, mais l'intuition va trouver sa source dans une autre partie de nous-mêmes : notre âme.

Chaque personne peut avoir accès à cette sagesse intérieure et à cette connaissance illimitée. Mais faire confiance à son intuition demande clarté et courage.

L'intuition

Intuition : Connaissance directe,
IMMÉDIATE DE LA VÉRITÉ,
sans recours au raisonnement, à l'expérience.

Larousse

Vous avez peut-être déjà une bonne idée de ce qu'est l'intuition et du rôle qu'elle joue dans votre vie. Peut-être avez-vous vécu des expériences intuitives ? Par exemple, vous aviez une idée de la meilleure nourrice à embaucher pour garder vos enfants. Ou bien vous saviez que quelque chose n'allait pas avec votre femme. Ou que vous pouviez faire confiance à cet artisan. Ou encore, vous saviez à l'avance qui allait appeler au téléphone, ou ce que votre interlocuteur allait dire, etc.
Examinez les phrases énumérées ci-dessous. Si vous les avez déjà prononcées, vous avez très probablement eu une expérience intuitive.

J'ai un pressentiment…
Je le fais à l'instinct !
C'est viscéral. Mon cœur me l'a dit !
Je le sens, c'est comme un sixième sens.
Ça m'est venu comme un éclair !
C'est comme une voix intérieure.

…

Mais voilà, même les gens qui connaissent très bien les expériences intuitives trouvent l'intuition et son fonctionnement difficiles à décrire. L'intuition est un savoir qui ne passe pas par le filtre de notre mental ni de nos pensées. C'est quelque chose que nous ressentons, que l'on sait d'instinct. Ce ressenti transcende tous les obstacles pour nous avertir ou nous indiquer une solution plutôt qu'une autre. Savoir intuitivement quelque chose n'est toutefois pas rationnel, et il apparaît que suivre son intuition nous mène toujours vers le bon choix, le choix le plus juste.

…

Parmi tous les ressentis qui nous habitent, il est parfois difficile d'entendre et de reconnaître son intuition. Comprendre ce qui se passe en nous, être attentifs à nos émotions, à notre corps, et à nos sensations... puis être parfaitement honnêtes avec nous-mêmes sont des conditions favorisant le développement de l'intuition.

J'aime comparer mon intuition à de grandes antennes déployées au-dessus de ma tête me permettant de capter des signaux particuliers qui, a priori, me sont inaccessibles. Ainsi, avec ces appendices, je suis en mesure d'écouter les signaux forts ou faibles sans faire appel à ma pensée rationnelle.

Dans son livre *Voyage au-delà de mon cerveau*, la docteure Jill Bolte Taylor, scientifique américaine spécialisée en neuroanatomie, nous présente son expérience personnelle. Elle a, en effet, elle-même été victime d'un accident vasculaire cérébral.
C'est le 10 décembre 1996, à 7 heures du matin, que la scientifique s'est réveillée avec une terrible douleur derrière l'œil gauche. « *Une bonne douche, et il n'y paraîtra plus* », s'est-elle dit. Oui, mais les cinquante milliers de milliards de cellules constituant son corps ne répondaient plus. Ses mouvements devenaient saccadés ; les sons, déformés. Elle commença à perdre l'équilibre et, peu à peu, la perception en trois dimensions. Puis les informations essentielles à sa vie : comment s'habiller, comment aller au travail... D'ailleurs, où se trouve ce travail ? Et comment conduit-on une voiture ? Tout cela, en tentant d'analyser ce qui était en train de lui arriver. Son bras droit refusait ensuite tout ordre, mais, paradoxalement, Jill n'avait aucune peur. Au contraire, elle décrit une douce euphorie qui la gagnait. Ce n'est qu'au terme d'un effort surhumain qu'elle comprit l'urgence d'appeler des secours.

...

Elle se heurta alors à l'inimaginable : les chiffres n'avaient plus de signification pour elle. Elle s'accrocha et chercha un numéro à composer, toujours en luttant contre le sentiment de béatitude qui l'envahissait. Elle comprit alors qu'elle était en train de faire un AVC. Elle réussit enfin à appeler un numéro, après un long moment de déchiffrage. Son collègue répondit, et Jill essaya de lui parler. De son côté, elle entendait des sons sans aucune signification. « *Mince ! On dirait un chien qui aboie* », songea-t-elle, comprenant que le centre de la parole était atteint.

Le diagnostic fut posé quelques heures plus tard : la Dre Jill Bolte Taylor a été victime d'un accident vasculaire cérébral grave dû à la rupture d'un vaisseau sanguin dans le cerveau gauche. Elle était alors incapable de parler, de lire, de marcher. Elle n'avait plus de souvenirs et devrait attendre huit années avant d'atteindre une rémission complète.

Jill décida d'utiliser son expérience pour témoigner du fonctionnement de notre cerveau et commença à présenter des conférences, seulement six mois après son accident.

Elle exposa le thème de l'asymétrie cérébrale en 2008 lors de sa conférence TED intitulée « La puissante introspection » (disponible en vidéo). Elle y affirme que nos deux hémisphères cérébraux sont complètement séparés physiquement, et qu'ils traitent de fonctions différentes, de façons différentes, de sorte qu'ils auraient même des traits de personnalités distincts.

D'un côté, notre cerveau droit traite toutes les informations simultanément et fonctionne ainsi dans l'*ici et maintenant*. Il gère et associe, dans l'instant, le ressenti global des sens : sons, odeurs, goûts, images, état du corps dans l'espace, etc.

De l'autre côté, le cerveau gauche fonctionne en traitant les informations de manière séquentielle. Il pense de façon linéaire et comparative, notamment dans le temps. Il est ainsi destiné à extraire les détails du moment présent pour les catégoriser et les organiser, les comparer aux événements passés pour projeter les possibilités futures. Il transpose en langage et gère la séparation et la distinction des choses. Il est à l'origine du ressenti d'être ce que nous sommes, distincts les uns des autres.

Jill Bolte Taylor témoigne notamment qu'il s'agit de la partie qui s'est éteinte au moment de son AVC. Elle s'est ainsi retrouvée pendant un certain temps avec son cerveau droit, c'est-à-dire dans l'instant présent, emplie d'une sensation de béatitude et de connexion aux autres et à l'environnement qui l'entourait. Elle dit : « Si mon odyssée intérieure m'a appris une chose, c'est que la quiétude est à notre portée. Il nous suffit, pour y parvenir, de faire taire la voix de notre hémisphère gauche dominant. »

Ce témoignage intérieur nous apprend que nous avons tous la capacité d'accéder à cette partie de nous en faisant taire notre part de rationnel.

Les mythes à faire tomber

L'intuition est un sujet qui fait couler beaucoup d'encre tant cette notion est à la fois mystérieuse et subtile, et parfois même encore très taboue. Il existe d'ailleurs de nombreuses fausses croyances à son sujet qui ont la peau dure. Pour ma part, en séance de coaching, j'aime compléter la définition du terme « intuition » en parcourant et clarifiant les trois mythes suivants.

L'intuition n'est l'apanage que de certaines personnes douées

En fait, l'intuition est une expérience humaine naturelle, et nous verrons plus tard qu'elle est rapportée dans les cultures du monde entier. Cependant, la plupart des gens ne savent pas ce qu'est l'intuition, ni comment l'utiliser ni même comment elle fonctionne dans leur vie. Pourtant, chaque être humain est doté de cette capacité.
Il est vrai que certaines personnes ont un talent plus intuitif, ou renforcent leur intuition par la pratique, ou naissent simplement dans un environnement qui soutient le développement de cette capacité, nous prouvant ainsi que nous avons la possibilité de l'améliorer – comme de nombreux autres attributs humains, d'ailleurs !

Les femmes sont plus intuitives que les hommes

En réalité, les hommes et les femmes naissent avec l'intuition. Cependant, dans les sociétés occidentalisées, les femmes et les artistes ont généralement plus de permissions d'être intuitifs que les hommes. D'ailleurs, les hommes disent souvent que leur intuition vient de leurs tripes, alors que les femmes sont plus susceptibles de dire : « Mon cœur me l'a dit. »

L'intuition a toujours raison

S'il est vrai que les expériences intuitives les plus pures sont justes, il est important de discerner notre intuition des vœux pieux, des perceptions mentales ou d'idées projetées sur les personnes ou les situations. Nous avons simplement besoin d'accroître nos pratiques et notre expérience avant de pouvoir identifier cette intuition pure.

N'oubliez pas non plus que nos conclusions *logiques* ne sont pas toujours exactes !

L'intuition à travers le monde

Nous pouvons obtenir une compréhension plus complète de l'intuition en regardant comment elle est vécue dans le monde entier. De nombreuses cultures incluent l'intuition dans l'éducation des enfants, la santé, les interactions sociales, les idées sur la mort et la vie après la mort, et les traditions spirituelles.

Nous avons vu qu'être intuitif c'est savoir écouter les signaux forts ou faibles avec d'autres antennes ou capteurs que notre pensée rationnelle. Dans les cultures traditionnelles, les peuples premiers ont appris à écouter et traduire ces signaux envoyés par notre environnement. Il peut s'agir d'ondes et de fréquences, de micro-odeurs, de petits changements... Certaines personnes sont plus douées que d'autres et deviennent des chamanes. Mais, globalement, ces populations s'entraînent et développent leur sensibilité. C'est une bonne nouvelle, car cela veut dire que nous aussi pouvons le faire !

Il y a également une différence de sensibilité, d'éducation et de culture entre l'Orient et l'Occident. Là encore, l'Orient « cultive » plus facilement les parts du cerveau qui écoutent les signaux forts et faibles de l'environnement. Et, surtout, les Orientaux apprennent à faire confiance à ces signaux, à s'y fier. En Occident, au contraire, nous apprenons, depuis le siècle des Lumières, à ne faire confiance qu'à notre rationalité, en utilisant en majorité notre cerveau gauche. Nous rejetons très facilement tout ce qui n'est pas visible, explicable ou compris... Nous écartons l'idée même d'entendre avec autre chose que nos oreilles, de voir autrement qu'avec nos yeux, de sentir autrement qu'avec notre toucher.

En Amérique du Nord

Si vous étiez un enfant amérindien, vous auriez probablement été encouragé à rechercher et à parler avec les esprits des plantes, des animaux, des montagnes, des rivières et d'autres parties de la nature. Plus au nord, au moment de la chasse, les Inuits savent percevoir la présence d'un animal derrière un monticule de neige ou au-delà de quelques champs de glace, alors que rien n'est apparemment visible, aucune odeur n'est apparemment perceptible, seulement un signal faible, subtil, une intuition !

En Amérique latine

Si vous aviez été élevé au Brésil, vous pourriez demander l'aide d'un *chirurgien psychique* face à une maladie. Si vous étiez un Maya choisi pour être un médecin chamane, vous recevriez une éducation que votre culture respecterait, tout comme les cultures occidentales respectent l'école de médecine.
Les laboratoires pharmaceutiques ont bien compris que ce savoir particulier, consistant à communiquer avec les plantes et à connaître instinctivement leur pouvoir thérapeutique, est réel. Ils l'utilisent, l'exploitent pour s'approprier des principes actifs, en outrepassant la déontologie. Ainsi, même les plus rationnels acceptent l'irrationnel, quand cela les arrange.

En Asie

Si vous aviez été élevé en Chine, vous pourriez apprendre à sentir quand vous êtes vulnérable à la maladie, et ainsi recourir à un traitement d'acupuncture, tout comme nous prenons du paracétamol.

Si vous aviez vécu dans l'une de ces cultures, vous pourriez ressentir différemment l'intuition. Vous pourriez parler de vos expériences intuitives avec d'autres membres de votre culture aussi ouvertement que vous parlez maintenant de vos idées, opinions et conclusions logiques dans les cultures occidentales.

Comment la reconnaître ?

Notre intuition peut se manifester à tout instant. Toutefois, nous n'y prêtons pas toujours attention. Pour l'entendre ou la sentir, il faut, dans un premier temps, être au clair avec soi-même. Si notre esprit est sans arrêt encombré de pensées et de doutes – et notre corps, d'angoisses –, nous aurons alors du mal à percevoir notre intuition si nous ne sommes pas habitués à y accéder.
Elle apparaîtra clairement lors de certains moments de relâchement. Encore faut-il savoir la reconnaître ! Elle peut se manifester dans les circonstances suivantes :

- QUAND ON NOUS PRÉSENTE UNE PERSONNE ;
- QUAND ON NOUS PROPOSE UN EMPLOI ;
- QUAND ON DOIT PARTIR EN VOYAGE OU SE RENDRE DANS UN NOUVEL ENDROIT ;
- QUAND ON DOIT RÉSOUDRE UN PROBLÈME OU PRENDRE UNE DÉCISION DIFFICILE ;
- POUR DES CHOSES ANODINES, COMME LE CHOIX D'UN RESTAURANT ;
- POUR UN ACHAT IMPORTANT, COMME L'IMMOBILIER ;
- POUR UN TRAITEMENT MÉDICAL ADAPTÉ OU NON ;
- ETC.

Voici quelques indicateurs pour la reconnaître :

- UNE SENSATION PHYSIQUE INTENSE ;
- UN RESSENTI TRÈS FORT, COMME UNE BOULE AU VENTRE OU, AU CONTRAIRE, UN SENTIMENT TRÈS JOYEUX ;
- UNE VOIX INTÉRIEURE OU UNE PENSÉE FULGURANTE QUI PASSE ET QUI NOUS DIT CE QUI VA SE PASSER ;
- UN SIGNE EXTÉRIEUR, COMME UN SLOGAN QUI RÉSONNE TRÈS FORT EN NOUS ;
- UNE IMAGE QUI SE FORME CLAIREMENT EN NOUS ;
- UNE CERTITUDE OU UNE INJONCTION INTÉRIEURE ;
- ETC.

Un environnement optimal

Chaque fois que nous explorons le sujet de notre mission de vie ou, simplement, chaque fois que nous voulons puiser dans notre intuition, trouvons un endroit calme où nous ne serons pas dérangés, et créons une atmosphère de détente.

Si notre esprit est brouillé par trop de bavardages extérieurs ou intérieurs, comment pouvons-nous entendre le murmure de notre sagesse intérieure ?

Éteignons téléphone et ordinateur, allumons une bougie, fermons les yeux, respirons profondément, méditons pendant cinq minutes. Voilà une belle manière de nous connecter à nous-mêmes et d'accéder plus aisément à notre intuition !

Cependant, il est parfois compliqué de faire face à une agitation cérébrale intense. Dans ce cas de figure, je trouve utile de se pencher vers une technique éprouvée, simple, gratuite et à la portée de tous :

la cohérence cardiaque, ou comment mettre sa respiration au service de son équilibre physiologique et psychique.

La cohérence cardiaque

Cette technique, née aux États-Unis dans les années 1990, peut être définie comme un exercice respiratoire personnel qui a pour but de réguler son rythme cardiaque, d'en augmenter la variabilité et de synchroniser l'activité des systèmes nerveux sympathique et parasympathique. L'un et l'autre assurent les fonctions du système nerveux autonome, mais avec des inclinaisons opposées. Le premier prépare l'organisme à l'action : production d'adrénaline, accélération cardiaque, transpiration… Le second active les mécanismes de relaxation : production d'acétylcholine (un neurotransmetteur), diminution de la tension artérielle et du rythme cardiaque, activation de la digestion…

Tous nos organes internes et nos fonctions vitales sont gouvernés par ces deux systèmes nerveux. Il est donc essentiel de maintenir un bon équilibre entre eux, pour nous garder en bonne santé physique et psychique.

En outre, l'inspiration stimule le système nerveux sympathique, tandis que l'expiration stimule le parasympathique. Ainsi, l'exercice de respiration proposé par la cohérence cardiaque influe sur cet équilibre.

La respiration au cœur

Depuis le développement récent des neurosciences, nous savons que le cœur n'est pas qu'une pompe. Il a été démontré que cet organe vital est au centre de notre système nerveux autonome.
Pourtant, au-delà de la démonstration scientifique apportée récemment, ce n'est pas une découverte ! Au XVIIIe siècle avant J.-C., en Chine,

le plus ancien traité de médecine connu s'intéressait déjà à la variabilité de la fréquence cardiaque et au pouls comme indicateurs de santé.
Au XVIIe siècle, le médecin italien Antonio Marie Valsalva soulignait, plus tard, que le cœur se synchronise avec la respiration – en accélérant à l'inspiration, et en ralentissant à l'expiration.
Au XIXe siècle, les trois médecins allemands Siegmung Mayer, Ewald Hering et Ludwig Traube découvraient que des oscillations rythmiques de la pression artérielle pouvaient être observées à certaines fréquences respiratoires proches de 0,10 Hz chez l'humain, définissant ainsi les prémices des 6 respirations par minute pour arriver à la fréquence commune à de nombreux biorythmes...
Ces travaux seront ensuite développés par le médecin russe Evgeny Vaschillo.

365

Ce chiffre n'est pas uniquement le nombre de jours d'une année commune. Il représente une technique facile à retenir pour pratiquer la cohérence cardiaque : 3 fois par jour, 6 cycles de respiration par minute, pendant 5 minutes.
3 fois par jour, car les effets bénéfiques de la pratique ne persistent que quelques heures. Une durée moyenne de 4 heures entre chaque pratique est donc recommandée.
L'effet principal de la cohérence cardiaque est l'équilibrage et la modulation de l'hormone du stress, le cortisol. La séance la plus importante est celle du lever au moment où la sécrétion de cortisol est la plus importante. La deuxième séance aura lieu quatre heures plus tard afin d'atténuer les événements survenus dans la matinée et de se préparer au repas et à la digestion. La troisième séance aura lieu en milieu ou fin d'après-midi pour préparer la soirée.
6 cycles de respiration par minute, soit 5 secondes d'inspiration et 5 secondes d'expiration. Ce rythme correspond à la fréquence de résonance des systèmes cœur-poumon, commune à l'espèce

humaine, et qui permet une augmentation optimale de l'amplitude de la variabilité cardiaque.
5 minutes durant, il est important d'effectuer des inspirations abdominales par le nez et d'expirer par la bouche, comme si on soufflait dans une paille. Comme la position couchée ne permet pas d'atteindre la cohérence cardiaque pour des raisons liées à notre anatomie, je vous conseille de pratiquer en position assise, le dos bien droit.

Nous avons donc vu que la cohérence cardiaque va notamment nous permettre de réguler les hormones du stress, et, ainsi, de réduire considérablement l'agitation mentale nous empêchant d'accéder à notre intuition. Cette méthode permet également d'accéder à bien d'autres bienfaits reconnus, comme une meilleure concentration, une amélioration des capacités de récupération, la diminution du risque cardiovasculaire...

Se donner la permission

Nous pouvons éprouver une difficulté à nous connecter à nous-mêmes lorsque nous sommes stressés ou nous pouvons être anxieux d'apprendre quelque chose nous concernant.
Nous voulons *rester dans notre tête*, et résoudre notre énigme de manière logique et rationnelle, ne nous permettant pas d'abandonner le problème, même pour un instant. Nous ne comprenons pas que cela crée seulement plus d'indécision et de stress, augmentant notre taux de cortisol ; ce qui a un impact sur notre capacité à penser clairement. Les décisions importantes pour nous-mêmes sont prises en accédant justement à nous-mêmes, là où notre esprit, notre corps et notre cœur se connectent en harmonie. Ainsi, plus nous pouvons nous détendre profondément, plus l'harmonie sera puissante pour gagner en clarté et prendre la bonne décision.
Cela peut ressembler à parler à notre moi conscient, à lui faire savoir que nous nous questionnons sur un sujet particulier :

« Je m'interroge sur ce sujet, je souhaite accéder à la clarté nécessaire pour y répondre. » Cela nous donne la permission de ne pas rester uniquement dans notre tête, abaissant la résistance que nous ressentons. Nous assurons à notre esprit que nous n'allons pas l'abandonner pour toujours, mais seulement pour le moment. Nous reviendrons. Cela apaise le flot de pensées continu auquel nous sommes habitués, peut-être dans l'idée d'avoir une boucle de pensée continue.

Lorsque je n'arrive pas à obtenir cette permission, que mon esprit est encore trop logique, rationnel ou terre à terre, je m'offre une sortie dans la nature. Cela m'aide à canaliser mes excès d'énergie lors d'un projet créatif, ou simplement à pratiquer l'immobilité dans le chaos. Cela m'aide à dépasser l'impulsion de *faire* quelque chose par peur et inquiétude.

Sortir de notre esprit de raisonnement et se connecter à cette partie plus profonde de nous-mêmes permet aux ondes émotionnelles de passer, et à la clarté de venir.

Pratiquer, pratiquer, pratiquer et lâcher prise

Pour certaines personnes, apaiser son esprit ainsi peut prendre du temps et devenir un véritable casse-tête. Je suis, moi-même, passée par cette phase assez compliquée. Je me souviens des moments où mon intuition semblait m'échapper. Elle était si proche et en même temps légèrement hors de portée. J'avais beau savoir qu'il y a un puits de sagesse en chacun de nous, je ne pouvais tout simplement pas puiser dans le mien, et je m'en sentais frustrée. Il m'a donc fallu de la persévérance pour atteindre ce Graal, mais surtout une grosse dose de lâcher-prise.

Distinguer son intuition des croyances habituelles qui nous limitent demande de la pratique, du lâcher-prise et beaucoup d'intuition aussi ! Alors n'abandonnez pas trop facilement, si vous ne pouvez vous empêcher d'être distrait.

Surmonter les difficultés

Nous connaissons bien ces expressions : « Écoute ton cœur » ou « Fais confiance à ton instinct ». Mais, plus nous essayons de nous y brancher et d'entendre le message, plus le signal se brouille. Si cela vous arrive, ne vous inquiétez pas. Il existe quelques pratiques qui permettent d'y remédier.

C'est souvent lorsque nous en avons le plus besoin que nous avons l'impression que notre intuition nous joue des tours. Après tout, nous sommes déjà dans un état semi-confus, instable et incertain. C'est d'ailleurs bien pour cela que nous recherchons un guidage *intuitif* !
Dans cet état de confusion, nous essayons de trouver, à l'intérieur, des réponses, et nous n'entendons simplement rien. Intuition, es-tu là ? Non. Rien. Intuition, es-tu là ? Non. Toujours rien.
La frustration et la confusion commencent à monter. L'anxiété et l'impatience se développent. Puis, avant d'en être conscients, nous sommes plongés dans un tourbillon de pensées et d'émotions, alors que des doutes, de l'insécurité et un sentiment général de malaise prennent le dessus.
Si cela vous semble familier, je vous invite à lire la suite.

Arrêtez-vous un moment

Lorsque vous avez l'impression que votre intuition vous échappe, arrêtez-vous, et respirez profondément pendant quelques instants. Le but, ici, est de prendre un temps pour calmer votre esprit et de

vous plonger dans le moment présent, dans l'*ici et maintenant*. Vous reprenez petit à petit contact avec vous-même. Comme nous l'avons vu plus tôt, il existe de nombreuses façons de le faire, mais l'une des plus simples consiste à se concentrer simplement sur sa respiration et, par exemple, à suivre la circulation de l'air entrant dans ses narines, emplissant ses poumons, etc.
C'est incroyable de voir les merveilles que cet acte simple peut faire !

Demandez conseil à votre sagesse intérieure

Comment procéder ? En devenant curieux, puis en transformant cette curiosité en questions spécifiques concernant le sujet sur lequel vous souhaitez des conseils. En posant ces interrogations, vous exprimez clairement vos intentions, et vous ouvrez la voie à la clarté et aux conseils.

DEMANDEZ CONSEIL À VOTRE INTUITION

Voici 4 étapes qui vous aideront à utiliser des questions pour exploiter votre intuition.

1. Se préparer

Installez-vous confortablement, fermez les yeux, puis respirez lentement et profondément sur 3 ou 4 cycles de respiration. Concentrez votre attention sur votre respiration. Sentez l'air frais qui entre par vos narines à l'inspiration..., puis l'air plus chaud qui en sort à l'expiration. Inspirez. Expirez.

Imaginez la tension quittant votre corps à chaque expiration. Continuez ainsi jusqu'à ce que vous commenciez à vous sentir calme et détendu.

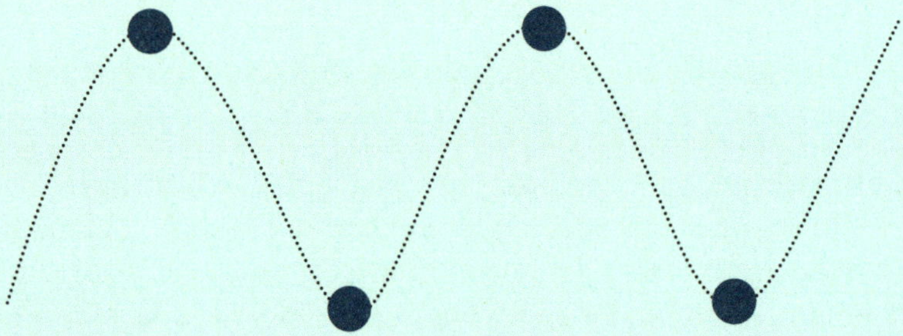

2. Questionner

Ensuite, pensez à un domaine de votre vie sur lequel vous aimeriez être guidé ou pour lequel vous avez besoin de plus de clarté, et posez votre question.

Voici quelques modèles de question que vous pourriez poser :

- QUE SE PASSE-T-IL VRAIMENT AVEC ______________________ ?

____

____

____

____

- QUE DOIS-JE SAVOIR SUR ______________________________ ?

- POURQUOI JE ME SENS COINCÉ / CONFUS / BLOQUÉ / ______________ ?

- COMMENT PUIS-JE AMÉLIORER CETTE SITUATION ?

- QUELLE EST LA MEILLEURE LIGNE DE CONDUITE À ADOPTER CONCERNANT _____ ?

- QU'EST-CE QU'IL ME MANQUE OU QUE JE NE VOIS PAS ?

3. Accueillir la réponse

Soyez ouvert à toutes les impressions ou réponses que vous recevez. Remarquez comment votre corps se sent, et toutes les sensations physiques, toutes les émotions, toutes les images ou pensées qui surviennent.
Écrivez tout ce qui vous vient. Si vous avez un journal, consignez-y tout ce qui émerge. Ne censurez pas vos pensées, et ne les traitez pas avec votre esprit rationnel. Notez simplement tout ce qui se présente, sans jugement, sans arrière-pensée. Même si les choses ne semblent pas avoir de sens, ou si les réponses semblent incomplètes, prenez note de tout.

Si vous en ressentez le besoin, posez des questions supplémentaires, tout en faisant attention à ne poser qu'une question à la fois.

4. Prendre des notes

Je me répète : chaque individu est différent quand il s'agit de la façon dont son intuition communique, alors jouez avec et voyez ce qui vous convient le mieux.
Il se peut, au début, que les réponses que vous recevrez ne soient pas claires ou semblent ne rimer à rien. Gardez à l'esprit qu'elles pourront certainement avoir plus de sens à l'avenir. C'est donc une bonne

pratique que de capturer et consigner tout dans votre carnet pour pouvoir y revenir plus tard. N'oubliez pas de noter également la question initiale, car, en y revenant plus tard, il risque de vous manquer une pièce au puzzle.
Si les choses semblent encore floues et qu'aucune information ni conseil ne vous semblent audibles, ne restez pas dans la frustration. Prenez-en note. Quand vous pensez n'avoir rien obtenu, cela peut simplement signifier que ce n'est pas le bon moment pour obtenir des réponses. Il se peut également que les choses soient traitées en arrière-plan. Votre intuition vous communiquera des conseils plus tard, ou sous une forme différente de celle attendue.

AFFRANCHISSEZ-VOUS
de l'esclavage du mental.
NUL AUTRE QUE VOUS
ne peut libérer votre esprit.

Bob Marley, « Redemption Song »

Quelle que soit la réponse à vos questions, souvenez-vous que tout ce que vous devez savoir est en vous...

Surtout, souvenez-vous que vous avez les réponses. Bien que ce ne soit pas toujours facile, n'oubliez pas que des conseils viendront. Dites-vous simplement que le processus est lancé et que cela va arriver. Chacun a son rythme intérieur.

Chaque fois que vous commencez à ressentir que les choses stagnent et que la confusion pointe son nez, revenez à vous, à votre respiration. Comme au début de l'exercice, prenez un moment pour vous concentrer sur votre respiration et rappelez-vous que les conseils viendront tôt ou tard... Tout ce que vous devez savoir est en vous, et vous sera révélé à temps.

Nous traversons tous des périodes où puiser dans notre intuition nous semble inaccessible, voire impossible. Cependant, lorsque nous croyons vraiment que les réponses sont là, la magie opère.

Cela permet de rester ouvert – ce qui facilite la lecture de ces signaux intuitifs –, plutôt que de rester rongé par la confusion ou le doute.

Trouver son équilibre

Nous avons toujours tendance à ne vivre que dans l'action – le *faire*. Comme un hamster dans une roue, nous nous donnons rarement la chance de nous arrêter, de réfléchir et de demander conseil à notre sagesse intérieure.

Aujourd'hui, donnez-vous l'opportunité de simplement *être*. Alors, entraînez-vous à vous écouter, et voyez ce que vous découvrez.

JE VOUS PRIE D'ÊTRE PATIENT
à l'égard de tout ce qui
DANS VOTRE CŒUR EST ENCORE IRRÉSOLU,
et de tenter d'aimer les questions elles-mêmes
COMME DES PIÈCES CLOSES ET COMME DES LIVRES ÉCRITS
DANS UNE LANGUE FORT ÉTRANGÈRE.
NE CHERCHEZ PAS POUR L'INSTANT DES RÉPONSES,
qui ne sauraient vous être données ;
car vous ne seriez pas en mesure de les vivre.
OR IL S'AGIT PRÉCISÉMENT DE TOUT VIVRE.
Vivez maintenant les questions.
Peut-être en viendrez-vous à vivre,
PEU À PEU, SANS VOUS EN RENDRE COMPTE,
un jour lointain, l'entrée dans la réponse.

Rainer Maria Rilke, *Lettres à un jeune poète*

Honorer ses valeurs fondamentales

VOTRE VÉRITABLE IDENTITÉ
est la somme totale
DE VOS VALEURS.

Lu sur un sachet de thé

Identifier et honorer ses valeurs fondamentales est, à coup sûr, le secret n° 1 pour vivre une vie épanouie !
Dans notre vie de tous les jours, nous devons prendre de nombreuses décisions, grandes ou petites, qui influencent notre chemin de vie. *Pourquoi je n'aime pas ce travail ? Dans quel domaine d'activité vais-je évoluer ensuite ? Quelle est ma marque personnelle ? Comment choisir entre deux propositions similaires ? Quelle nouvelle activité pourrait me nourrir ?*
Suivre comme un mouton, répéter comme un perroquet, se ruer dans la voie de l'argent, et être tenté par la facilité sont les quatre erreurs les plus fréquentes lorsque nous devons faire des choix de vie.
Bien qu'il soit parfaitement positif d'explorer le monde qui nous entoure, ce que nous oublions souvent, c'est de faire des recherches sur nous-mêmes. *Que voulons-nous, finalement, dans la vie ? Qu'est-ce qui nous fait vibrer ? Qu'est-ce qui nous rend uniques ?* Les réponses à ces questions peuvent être distillées dans ce que nous nommons nos « valeurs fondamentales ».

Aussi, connaître nos valeurs fondamentales et les honorer lorsque nous prenons des décisions de vie est la clé vers plus d'épanouissement et d'abondance, pour vivre une vie où nous ne faisons pas que survivre : une vie où nous nous épanouissons.

INITIER SA RECHERCHE DE VALEURS

- POURQUOI JE N'AIME PAS CE TRAVAIL ?
- DANS QUEL DOMAINE D'ACTIVITÉ VAIS-JE ÉVOLUER ENSUITE ?
- QUELLE EST MA MARQUE PERSONNELLE ?
- COMMENT CHOISIR ENTRE DEUX PROPOSITIONS SIMILAIRES ?
- QUELLE NOUVELLE ACTIVITÉ POURRAIT ME NOURRIR ?
- QUE VOUDRAIS-JE, FINALEMENT, DANS MA VIE ?
- QU'EST-CE QUI ME FAIT VIBRER ?
- QU'EST-CE QUI ME REND UNIQUE ?

Les valeurs : définition

Les valeurs sont des qualités, des principes ou des caractéristiques de la vie que nous considérons comme très importants. Ce sont uniquement les nôtres, et ce sont généralement des traits que nous avons façonnés tout au long de notre vie, depuis notre plus tendre enfance. Les valeurs sont neutres. Il n'y a ainsi rien de bien ni de mal dans ces qualités que nous avons, car elles reflètent notre vrai moi.

En outre, les valeurs sont *non négociables*. Par exemple, si le respect est l'une de vos valeurs, et que vous tolérez les échanges acrimonieux entre les personnes de votre entourage, ou que des interlocuteurs crient et vous manquent de respect sans que vous réagissiez, alors il est fort probable que vous ne possédiez pas cette valeur. Le caractère *non négociable* d'une valeur implique que, lorsque celle-ci n'est pas honorée ou qu'elle est touchée, vous vous sentiez vous-même profondément touché. Cela se traduit généralement par des émotions fortes et des sensations en rapport.

Tout comme Coco Chanel, vivez vos valeurs ! Selon elle, être bien habillé n'est pas suffisant. Il faut être *impeccablement bien habillé*. La force du mot, et de la valeur qui s'y rattache, est ainsi primordiale. Par exemple, Carine indique qu'elle a une valeur « honnêteté/parler vrai ». Il est important pour elle d'avoir une parole impeccable en toute circonstance et d'exprimer ce que l'on pense véritablement. Pour elle, pas de chichi, pas de pincettes ; hors de question de chercher à plaire aux autres – ce qui lui vaut parfois des retours cinglants. Lorsqu'elle ne peut pas exprimer ce qu'elle pense ou dès qu'elle voit que les autres ne s'expriment pas vraiment, elle se sent déçue d'elle-même et des autres. À cela, Carine ajoute avoir une valeur « entraide ». D'ailleurs, elle explique qu'elle n'hésite pas à sauter sur l'opportunité d'aider autrui, et elle aime donner son temps et son énergie pour la *bonne* cause.

Ce ne sont que deux exemples de valeurs personnelles parmi tant d'autres. Chacun a ses propres valeurs fondamentales, et elles peuvent être très différentes. Certaines personnes sont compétitives, tandis que d'autres apprécient la coopération. Certaines personnes apprécient l'aventure, tandis que d'autres préfèrent la sécurité...
Vous vous sentirez plus en harmonie avec vous-même si vous honorez vos valeurs. Cela s'applique à la fois aux décisions quotidiennes et aux choix de vie plus larges.
Si vous appréciez l'*aventure*, par exemple, vous vous sentirez probablement étouffé si vous vous laissez pousser, par vos parents ou d'autres personnes, à faire des choix « sûrs », vers un travail de bureau stable et une vie familiale bien établie. Pour vous, une carrière qui implique des voyages, la création de votre propre entreprise ou d'autres opportunités de risque et d'aventure peut être plus appropriée.
En revanche, si vous appréciez la *sécurité*, c'est le contraire qui s'applique. Ce que certaines personnes considèrent comme une opportunité *de rêve* de parcourir le monde et d'être votre propre patron peut vous laisser un sentiment d'insécurité et une envie d'une existence plus stable.

À nouveau, nous sommes tous différents, et ce qui rend une personne heureuse peut en rendre une autre anxieuse ou désengagée. Définir vos valeurs fondamentales et vivre en fonction d'elles peut vous aider à vous sentir plus épanoui et à faire des choix qui vous rendent plus heureux, même s'ils n'ont pas de sens pour les autres.

Ce que ce n'est pas…

Les valeurs ne sont pas nécessairement des mœurs ou des vertus

L'intégrité, la justice, l'honnêteté, le respect… sont sans aucun doute, et selon la définition qu'on en donne, des qualités que nous désirons tous avoir afin que notre société fonctionne et prospère. La famille, l'amitié et les communautés sont ce dont nous, êtres humains, avons généralement besoin en tant qu'*animaux sociaux* pour rester en sécurité et grandir.

Cependant, ces éléments sont des valeurs plus sociétales, et pas nécessairement des valeurs qui nous différencient en tant qu'individus. Cela dit, il y a des moments où la morale ou les vertus sont, en effet, des valeurs pour certains en raison d'incidents survenus au cours de leur vie. Une façon de distinguer cela est de regarder si ces qualités sont inculquées par des forces externes ou enseignées. Si ce n'est pas le cas, c'est probablement une valeur fondamentale.

Schématiquement, si vous êtes allé à l'école militaire et que vous pensez avoir une valeur de *droiture*, il y a fort à penser qu'il ne s'agit pas d'une valeur fondamentale, mais plutôt d'un cadre de discipline qui vous a été imposé par l'école en question. Sauf si vous pouvez détecter que cette valeur était déjà en vous avant de franchir les portes de cette école et qu'elle ne vous a pas été imposée par vos parents, votre famille ou un enseignant précédent.

Les valeurs ne sont pas des qualités que nous souhaitons avoir

Il est tout à fait acceptable de désirer cultiver une qualité, mais nous ne la comptons pas forcément comme une valeur. Trouver nos valeurs, ce n'est pas comme choisir nos bonbons préférés au magasin de sucreries. Une valeur fondamentale doit être incarnée, et nous devons ressentir des changements majeurs internes lorsqu'elle est – ou n'est pas – honorée.

Les valeurs ne sont pas nécessairement nos forces

Une force est un point fort, un superpouvoir, une qualité majeure. C'est, le plus souvent, une capacité innée que nous utilisons inconsciemment et qui constitue une véritable ressource. Cela peut être une façon d'être, de faire ou d'exprimer nos talents.
Nos forces sont donc ce qu'il y a de mieux en nous, ce qui – couplé à nos faiblesses – nous rend à la fois uniques, singuliers et authentiques. Les identifier peut nous permettre de savoir sur quel levier nous appuyer lorsque nous doutons de nos capacités à dépasser des obstacles ou à relever un défi personnel ou professionnel.
Alors que nos valeurs fondamentales, elles, nous permettent de mieux comprendre comment nous fonctionnons. Nous mettons ainsi en évidence les besoins que nous devons impérativement nourrir pour nous sentir bien et nous accomplir.

Les valeurs ne sont pas des choses ou des personnes

Pour la plupart d'entre nous, il est assez facile de savoir quelles choses sont importantes et avec quel genre de personnes nous nous connectons plus aisément. Nous chercherons alors plutôt à définir ce qui nous attire vers cette chose ou cette personne en particulier.

Lors de l'un de nos premiers entretiens, Simon m'indique que son fils de 7 ans est ce qu'il y a de plus important pour lui. Il insiste sur ce point lors de notre brainstorming. Je lui demande ce qui est important pour lui à propos de son fils. Simon m'explique qu'il est séparé de sa femme depuis quelques mois et que, lorsqu'il n'a pas la garde de son fils, il se sent déprimé. Lors de notre exploration, je lui demande ce qui lui manque profondément ; et Simon détecte alors trois points essentiels pour lui : l'*éducation*, la *transmission de la culture familiale* et le *jeu*. En recoupant ces trois points avec d'autres anecdotes marquantes de sa vie, il se rend alors compte de l'importance de la *transmission.* D'ailleurs, ses meilleurs moments professionnels ont eu lieu alors qu'il donnait des conférences et des formations dans son domaine de compétences.

Tel l'arbre qui cache la forêt, certaines valeurs nous empêchent de voir l'essentiel. En approfondissant notre exploration et en utilisant nos connaissances comme point de départ, nous pouvons aller plus loin et découvrir des valeurs d'autant plus fondamentales pour nous-mêmes. Un exemple courant : la *richesse* est rarement une valeur fondamentale. En vous demandant pourquoi vous avez besoin d'être riche, vous découvrirez, par exemple, que vous avez besoin de parcourir le monde – c'est alors l'*aventure* qui peut être l'une de vos valeurs. Si c'est pour vous consacrer à la philanthropie, peut-être que l'*empathie* est une de vos valeurs…

Pourquoi s'en soucier ?

Nous venons de voir que nos valeurs fondamentales étaient les éléments que nous jugeons importants dans notre façon de vivre et d'interagir avec le monde. Elles transcendent tous les domaines de notre vie. Elles déterminent nos priorités et, au fond, elles sont le baromètre que nous utilisons inconsciemment pour savoir si notre vie se déroule comme nous le souhaitons.

Ainsi, lorsque les choses que nous entreprenons, la façon dont nous nous comportons et les situations que nous traversons correspondent à nos valeurs, le baromètre est au beau fixe. La vie est généralement *belle*, nous sommes satisfaits et sereins. Mais, quand ces éléments ne correspondent pas à nos valeurs fondamentales, c'est là que les choses se compliquent. Le baromètre annonce le mauvais temps, et nous commençons à nous sentir mal.

C'est pourquoi il est si important de faire un effort conscient pour identifier nos valeurs fondamentales. Et connaître ces valeurs comporte de nombreux avantages que j'aime résumer en cinq mots-clés :

Différenciation - Direction
Focus - Inspiration - Accomplissement

Quand Paul démarre son cycle de coaching, il vient tout juste de terminer ses études de commerce. Dans son école parisienne prestigieuse, il apprend que, pour se distinguer sur le marché de l'emploi et pour se différencier des autres candidats, il doit créer une marque personnelle dans son curriculum vitæ, dans son profil LinkedIn et chaque fois qu'il établira des contacts.

Il traduit ainsi sa valeur « aventure » en de nombreux éléments spécifiques dans sa marque et dans ses décisions de carrière globales. Étant aventureux, Paul aime voyager, adore prendre des risques, embrasse l'innovation et n'a jamais peur d'expérimenter de nouvelles idées. Sachant cela, il décide de travailler dans l'industrie technologique et choisit le domaine du développement commercial. Cela lui permettra de s'immerger dans le monde de l'innovation et d'explorer constamment de nouvelles opportunités.

Lorsqu'il recherche et candidate dans une entreprise, il cible non seulement les sociétés qui partagent ses valeurs, mais s'assure également qu'elles ont une présence internationale, dans l'optique de pouvoir travailler dans des équipes multiculturelles.

Paul décroche enfin son emploi de rêve en tant que responsable du développement d'affaires dans une entreprise de technologie qui prévoit éventuellement d'étendre ses activités à l'étranger. Un jour, il se retrouve bloqué par un problème lui semblant a priori insoluble. Les ventes stagnent sur son territoire. Il décide alors de se relier à sa valeur fondamentale : « Que me dirait ma valeur "aventure" dans cette situation ? Peut-être que je peux, dans un premier temps, vérifier ce que nos concurrents dans d'autres pays font avec leurs produits ? Ou peut-être... est-ce le moment de proposer à mon vice-président de généraliser nos produits ? » Après quelques recherches minutieuses, il présente sa proposition à son équipe de direction.
La stratégie de Paul a finalement remporté l'approbation de cette dernière, et Paul obtient un bonus important en fin d'année pour son idée.

L'histoire de Paul illustre parfaitement les cinq mots-clés cités précédemment. Ainsi, être pleinement conscient de nos valeurs nous différencie, nous donne un sens plus fort de nous-mêmes, ce qui se traduit par plus de confiance en nous. Cela nous donne une direction ; ce qui nous permet de concentrer notre énergie et nos ressources plus efficacement et de prendre des décisions plus rapidement.
Étant donné que nos valeurs sont si fondamentales pour nous, elles peuvent facilement nous inspirer de nouvelles idées que nous aurons plaisir à soutenir, et ainsi nous sommes plus susceptibles de les transformer en réalités. Exercer une activité professionnelle ou personnelle dans des domaines alignés sur nos valeurs nécessite un investissement d'énergie généralement moindre que d'œuvrer dans

des domaines qui ne nous inspirent pas ; ce qui signifie que nous sommes plus susceptibles de persévérer et d'atteindre un certain niveau de performance.
Enfin, lorsque nous honorons nos vraies valeurs, nous sommes notre moi le plus authentique ; nous pouvons alors facilement attirer et influencer positivement d'autres personnes pour agir ensemble sur des choses qui nous tiennent à cœur. Et nous savons tous qu'un plus un font trois !

DÉCOUVREZ VOS VALEURS FONDAMENTALES

Suivez ces 4 étapes pour aller à la découverte de vos valeurs fondamentales :

1. Trouvez un partenaire avec qui vous pouvez effectuer cet exercice

Ce partenaire de conversation sera idéalement quelqu'un qui vous connaît bien et qui n'hésite pas à partager son observation de vous ; ou un coach, qui peut vous aider à réfléchir et à identifier vos angles morts. Demandez à cette personne de vous poser les questions suivantes. Recherchez des détails qui vous permettront de noter plus de 10 qualités que vous possédez et qui se reflètent dans vos réponses.

2. Définissez les thèmes récurrents

Relisez attentivement les notes prises à l'étape 1, et remarquez si des thèmes communs en ressortent. Quels sont ces thèmes récurrents ? Groupez visuellement les mots similaires en les colorant, par exemple. Ne vous attardez pas trop sur le choix des mots.

	QUAND ÊTES-VOUS LE PLUS HEUREUX ? QU'EST-CE QUI VOUS FAIT VOUS SENTIR VIVANT ?	QUELLES ONT ÉTÉ VOS TROIS PLUS GRANDES RÉALISATIONS ?	QUELLES ONT ÉTÉ VOS TROIS PLUS GROS ÉCHECS ?	QUELS SONT LES MOMENTS INOUBLIABLES QUE VOUS TROUVEZ ÉMOUVANTS ET QUI RÉSONNENT EN VOUS ? CELA PEUT ÊTRE DANS DES FILMS, DES ÉMISSIONS DE TÉLÉVISION, DES ROMANS OU DES REPORTAGES. VOUS POUVEZ ÉGALEMENT VOUS INSPIRER D'HISTOIRES ET D'ANECDOTES PLUS PROCHES DE VOUS.	QU'EST-CE QUI VOUS OBSÈDE ?	QUELLES SONT VOS BÊTES NOIRES ? IL PEUT S'AGIR, PAR EXEMPLE, DE TYPES DE PERSONNES, DE SITUATIONS OU DE CIRCONSTANCES.
THÈMES RÉCURRENTS						

3. Identifiez vos 5 valeurs fondamentales

Comparez ces thèmes aux définitions de valeurs partagées plus haut dans cet article, et réduisez-les à 5 valeurs ou 5 groupes de valeurs.

4. Ordonnez vos valeurs par ordre et priorité

Donnez un ordre de priorité à vos valeurs en fonction de leur niveau d'importance pour vous. Ne vous préoccupez pas de vouloir bien faire les choses. C'est le processus de priorisation qui vous donne les informations les plus précieuses.

N'arrêtez pas votre exploration de valeurs juste après avoir entrepris ces quatre étapes. Continuez à réfléchir, à vous découvrir, et vous pourrez trouver plus de valeurs plus importantes plus tard.

Mettre ses valeurs en mouvement

Il existe tellement de façons de mettre nos valeurs en pratique. Nous pouvons, par exemple, identifier les problèmes cachés dans notre vie ou notre carrière, ou bien, prendre une décision structurante pour notre avenir. Ou, comme Paul, établir notre marque personnelle, rechercher la *bonne* entreprise ou les *bonnes* personnes avec lesquelles travailler... Les possibilités sont innombrables.

SE METTRE EN MOUVEMENT

Pour commencer, faites une lecture de vos valeurs fondamentales. Choisissez un domaine de votre vie dans lequel vous souhaitez apporter des modifications.

- QUELLES SONT MES VALEURS FONDAMENTALES ?

____

____

____

____

____

- DANS QUEL DOMAINE SOUHAITERAIS-JE APPORTER DES MODIFICATIONS ?

____

____

____

____

____

Notez le niveau de satisfaction que vous avez avec chacune de vos valeurs de 0 à 10 – « 0 » signifiant que la valeur n'est pas honorée du tout, et « 10 », que la valeur est complètement comblée.

- QUELLES SONT LES VALEURS LES MIEUX HONORÉES ?

____

____

____

- QUELLES SONT LES VALEURS QUI LE SONT MOINS ?

____

____

____

- QUEL CHANGEMENT POUVEZ-VOUS APPORTER POUR ÉLEVER LA NOTE D'UN POINT ?

____

____

____

____

____

Ni facile ni confortable

Vivre une vie honorant nos valeurs fondamentales nous donne plus de liberté et plus d'espace pour utiliser nos talents au maximum, c'est aussi l'occasion pour nous de prospérer à long terme avec des personnes partageant les mêmes idées ou, tout du moins, respectant nos valeurs. Comme toutes les autres grandes choses de la vie,

y parvenir n'est pas toujours indolore, surtout à court terme. Cela peut signifier avoir une conversation difficile, quitter un emploi, entamer une rupture, déménager dans une nouvelle ville... Ou cela peut signifier accepter pleinement ce qui est devant nous, nous rendre compte que ce que nous avons actuellement est exactement ce que nous avons toujours voulu, et y apporter quelques ajustements.
Faites ce qui est bien pour vous, pas ce qui est facile. Vos valeurs fondamentales agissent comme une boussole interne ; elles vous guident et vous indiquent le cap à suivre. Alors, profitez du voyage !

Déjouer ses voix intérieures

LA SEULE LIMITE
à notre épanouissement de demain
sera nos doutes
D'AUJOURD'HUI.

Franklin Roosevelt,
message pour *Jefferson Day*[11], 13 avril 1945

Nous entendons tout le temps des petites voix intérieures nous parler ainsi : *« Ce n'est pas une bonne idée », « Tu es ridicule », « Tu n'y arriveras pas », « Tu n'es pas légitime dans ce domaine »*... Ces petites voix sont des pensées qui nous accompagnent sur le chemin de la négativité. Croyances limitantes, autosabotage, saboteur intérieur, critique interne..., autant d'expressions synonymes qui, tels des poisons, nous bloquent totalement dans nos ambitions.
Je vous propose de découvrir cinq approches complémentaires pour apprendre à les reconnaître et surtout à les mettre en sourdine : la pleine conscience, les pensées négatives automatiques, la sagesse intérieure, les 5 accords toltèques, et l'intelligence positive.

11. *Jefferson Day* célèbre la naissance de Thomas Jefferson (le 13 avril 1743), troisième président des États-Unis, principal auteur de la déclaration d'Indépendance en 1776.

La pleine conscience

SORS PENDANT UN MOMENT,
calme ton esprit.
Il est préférable d'embrasser un arbre
PLUTÔT QUE DE SE COGNER LA TÊTE
contre un mur continuellement.

Rasheed Ogunlaru

Qu'est-ce que la pleine conscience ?

La pleine conscience est étudiée depuis des milliers d'années, et pourtant c'est un *nouveau* sujet populaire. Elle consiste simplement à être conscient, présent et engagé dans le moment. Au bureau, par exemple, cela signifie être pleinement présent et se connecter avec chacun de ses collègues, examiner efficacement ses messages, répondre calmement aux appels téléphoniques, communiquer clairement avec le reste du personnel, etc. À la maison, également, la pleine conscience peut prendre de multiples formes, comme être complètement présents à notre petit garçon lorsque celui-ci vient entamer une discussion avec nous, et nous rendre disponibles pour lui seul, profiter du dîner en famille pour prêter attention à chacun, y compris à nous-mêmes, ainsi qu'aux aliments que nous ingurgitons... Généralement, lorsque nous ne sommes pas conscients, nous nous sentons pressés et ennuyés, et nous voulons simplement terminer au plus vite notre journée. Nous passons beaucoup de temps à nous plaindre – à nous-mêmes par nos pensées, ou aux autres – de la façon dont le moment présent devrait être différent. Il nous arrive alors de penser : « *J'aimerais ne pas avoir à me réveiller si tôt* », « *Pourquoi le trafic est-il si compliqué ?* », « *Si seulement mes enfants se comportaient mieux* », « *J'ai beaucoup trop de travail !* », « *Mon compagnon ne comprend rien* », et ainsi de suite.

Comparons ces moments avec les meilleurs moments de notre existence : voir l'océan pour la première fois, regarder dans les yeux de notre nouveau-né, skier dans la neige fraîche... Si nous devions superposer un état d'esprit plaintif à nos expériences positives marquantes, elles ne seraient plus nos meilleurs moments !

Imaginons deux personnes marchant sur la plage au coucher du soleil. L'une est pleinement présente et profite d'une expérience marquante. L'autre pense à ses problèmes professionnels ou familiaux et se sent mal. Les deux personnes se trouvent dans la même situation, sur la même plage, devant le même coucher de soleil, mais elles vivent des expériences différentes. De même, deux médecins peuvent avoir des horaires similaires, un personnel similaire et des patients similaires, mais l'un est au bord de l'épuisement, tandis que l'autre se sent satisfait et prêt à soigner ses patients.

Ce qui aide à créer des expériences marquantes et des moments épanouissants, c'est la pleine conscience. C'est la conscience sans jugement de chaque instant présent. Nous apprécions alors ce moment au fur et à mesure qu'il se déroule. Ainsi, une façon d'ajouter plus d'appréciation et de joie à notre activité, ou à tout autre aspect de notre vie, est d'y apporter plus d'attention. En étant pleinement présents, avec bienveillance et sans jugement, nous faisons ainsi taire nos petites voix critiques intérieures.

Pratiquer la pleine conscience

Vous avez bien compris que vivre en conscience dans le présent est une bonne idée. Cependant, en termes pratiques, que pouvons-nous faire pour devenir plus attentifs ?
Bien que cela puisse paraître simple, l'un des moyens les plus efficaces pour commencer à être plus conscients est de faire consciemment attention à notre respiration.

S'INITIER À LA PLEINE CONSCIENCE

Respirez profondément et voyez si vous pouvez sentir votre abdomen se gonfler lorsque vous inspirez, puis se détendre lorsque vous expirez. Notez que votre poitrine peut également se dilater et se détendre. Si vous n'êtes pas habitué à ce style de respiration, cela peut être plus facile si vous l'essayez en position allongée, mains sur l'abdomen.

Une fois que vous avez réussi à vous concentrer sur la sensation de votre respiration, essayez de maintenir la même concentration pendant plusieurs cycles de suite.

Vous pouvez également vous concentrer sur votre corps. À chaque inspiration, vous sentez votre abdomen se gonfler, vous vous concentrez sur une zone différente de votre corps, comme le cou, les épaules, la mâchoire ou les muscles du visage. Imaginez ainsi que l'air entrant dans votre corps chemine et alimente ces différentes zones. Puis, à chaque expiration, visualisez le chemin inverse.

De plus, lorsque vous respirez, vous pouvez prendre note de votre posture, qui doit être alignée et détendue. En position assise sur une chaise, imaginez que votre corps ressemble à une chemise suspendue à un valet de chambre. Votre colonne vertébrale est comme le poteau vertical, vos épaules sont comme le cintre, et le reste de votre corps est comme la chemise, suspendue doucement et détendue.

Chaque fois qu'une pensée apparaît ou que vous pensez à la façon dont le moment présent devrait être différent, laissez aller cette pensée en vous concentrant sur votre respiration actuelle ou peut-être sur une autre sensation dans votre corps, comme le goût de votre salive, le son dans la pièce où vous vous trouvez, ou la sensation de vos pieds sur le sol. L'idée n'est pas de rester concentré en permanence sur votre respiration ou vos sens, mais de l'utiliser comme un outil pour ramener votre concentration au présent. Si votre attention s'égare, revenez doucement et avec bienveillance sur ce que vous faites sur le moment.

Votre esprit pourrait errer une fois, cinq fois, dix fois, en une minute. En recentrant patiemment votre attention chaque fois que cela arrive, vous construirez les réseaux de neurones pour augmenter à la fois votre capacité à être attentif et votre capacité à être patient.

Une partie de la pleine conscience consiste à accepter nos sensations physiques actuelles ainsi que nos pensées et nos émotions. Parfois, ces choses peuvent être inconfortables ou même effrayantes, et nous pouvons naturellement vouloir qu'elles s'arrêtent. Il est possible de les faire disparaître ou, tout du moins, de les estomper en y résistant de plus en plus rarement.
Nous avons naturellement tendance à tomber dans la spirale infernale d'états négatifs, et généralement nous nous sentons plus

stressés d'être stressés, plus déprimés d'être déprimés, plus effrayés d'être effrayés… Par exemple, lorsque nous sommes stressés, nous pouvons sentir notre cœur battre la chamade, et malheureusement plus nous essayons de ralentir notre cœur, plus il bat vite. De même, si nous sommes réveillés au milieu de la nuit, nous sommes alors obsédés par le risque d'être fatigués le lendemain matin. Et cela ne fait que rendre plus difficile le retour au sommeil. Si, au lieu de cela, nous pensons que c'est le moment idéal pour pratiquer la respiration consciente et la méditation, nous serons beaucoup plus susceptibles de nous rendormir. Remarquer et accepter calmement les sensations désagréables telles qu'elles sont dans le moment présent est généralement la première étape pour les diminuer.

Nous attribuons souvent des sensations physiques, des pensées et des émotions inconfortables à certaines circonstances externes à notre vie, pensant qu'elle serait meilleure si nous avions ceci, si nous étions cela, etc. Pour faire face, nous avons souvent recours à des comportements non productifs habituels, comme se ronger les ongles, manger avec excès, arrêter de manger, fumer, boire ou faire trop de sport. Nous avons également tendance à vouloir justifier nos émotions négatives ; alors nous commençons à énumérer toutes les raisons pour lesquelles nous pouvons ressentir ce que nous ressentons. Ces comportements peuvent apporter un soulagement temporaire, mais, au bout du compte, ils aggravent souvent les choses. Plutôt que de résister, d'éviter et de justifier, nous pouvons nous entraîner à être conscients au milieu de sensations et de circonstances inconfortables.

En intégrant la pleine conscience dans mon quotidien, j'ai remarqué que cette pratique devenait de plus en plus naturelle, comme un sportif développant sa musculature. À présent, je suis plus attentive, et je me découvre des capacités à améliorer ma vie. J'accède ainsi à plus de calme, et je me sens plus efficace.
Pour vous aider à pratiquer la pleine conscience lorsque vous vous sentez bloqué émotionnellement, vous pouvez essayer le court exercice suivant.

La respiration de 3 minutes

La respiration de 3 minutes est un exercice de méditation rapide qui a été popularisé grâce à la thérapie cognitive basée sur la pleine conscience.

Première minute

Décrivez votre émotion présente en un mot simple, comme « triste », « heureux », « en colère », « détendu », « pétillant »... Remarquez comme vos pensées vont et viennent. Puis, décrivez toutes les sensations corporelles en termes simples comme : « *J'ai des picotements sur le pied droit* », « *J'ai une douleur au niveau de l'omoplate gauche* »... Pendant cette minute, soyez prêt à accepter vos émotions, vos sensations physiques et vos pensées actuelles, avec bienveillance et sans jugement.

Deuxième minute

Concentrez-vous sur votre respiration – un cycle de respiration à la fois. Lorsque votre esprit dérive, ramenez patiemment votre concentration à votre respiration.

Troisième minute

Élargissez votre concentration à la sensation de tout votre corps en train de respirer.

QUAND TU TE PLAINS,
tu fais de toi une victime.
ABANDONNE LA SITUATION OU ACCEPTE-LA.
TOUT LE RESTE N'EST QUE DE LA FOLIE.

Eckhart Tolle

Tout au long de la journée

Vous pouvez pratiquer la pleine conscience en l'incorporant dans vos activités quotidiennes. En voici quelques exemples :

- LORSQUE VOUS VOUS DIRIGEZ VERS UN LIEU PARTICULIER, COMME UNE SALLE DE RÉUNION, PRATIQUEZ UNE MARCHE EN PLEINE CONSCIENCE, EN VOUS ASSURANT DE SENTIR VOS PIEDS CHAQUE FOIS QU'ILS ENTRENT EN CONTACT AVEC LE SOL.

- JUSTE AVANT D'ENTRER DANS UNE PIÈCE, PRENEZ UNE GRANDE RESPIRATION OU SENTEZ VOTRE MAIN CONTRE LA POIGNÉE DE LA PORTE. DE MÊME, AVANT DE DÉCROCHER LE TÉLÉPHONE.

- LORSQU'UNE RÉUNION DÉBUTE, ASSEYEZ-VOUS, ÉTABLISSEZ UN CONTACT VISUEL ET CONCENTREZ-VOUS PLEINEMENT SUR L'ENSEMBLE DES PARTICIPANTS.

- LORSQUE VOUS PRENEZ UN APPEL TÉLÉPHONIQUE, CONCENTREZ-VOUS SUR LA VOIX DE VOTRE INTERLOCUTEUR, ABANDONNEZ TOUTE PENSÉE DISTRAYANTE ET ÉCOUTEZ SIMPLEMENT À FOND.

- LORSQUE VOUS VOUS LAVEZ LES MAINS, SENTEZ TOUT SIMPLEMENT L'EAU.

- LORS DE VOTRE DÉJEUNER OU DE VOTRE PAUSE-CAFÉ, PRENEZ UN MOMENT POUR SENTIR L'ODEUR ET PROFITER DU GOÛT DE LA NOURRITURE OU DE LA BOISSON.

Bref, il y a des milliers de possibilités de pratiquer !

Profiter de la pratique et de la vie

Pratiquer la pleine conscience n'est pas la solution à tous vos problèmes au travail ou à la maison, mais cela peut vous aider à réduire la frustration et à augmenter votre épanouissement. Cette technique peut également vous permettre de vivre pleinement votre vie, et non pas de simplement survivre à chaque journée qui s'écoule. C'est vivre dans le présent, l'*ici et maintenant*.

Au fil de mes pratiques, je me rends compte que la pleine conscience m'aide également à ne pas surréagir face à une contrariété. Je sens que je me laisse beaucoup moins embarquer par mes émotions. Je prends une profonde respiration, j'agis de façon juste et plus posément.

JE GAGNAI LES BOIS PARCE QUE
je voulais vivre
SUIVANT MÛRE RÉFLEXION,
N'AFFRONTER QUE LES ACTES ESSENTIELS DE LA VIE,
et voir si je ne pourrais apprendre
CE QU'ELLE AVAIT À ENSEIGNER,
non pas, quand je viendrais à mourir,
DÉCOUVRIR QUE JE N'AVAIS PAS VÉCU.

Henry David Thoreau, *De la simplicité !*

Les pensées automatiques négatives

Une grande partie de nos pensées se produisent automatiquement ; ce qui est une bonne chose, car nous n'avons généralement pas à travailler trop dur pour effectuer des tâches quotidiennes ou de simples routines comme se lever, s'habiller, prendre le petit-déjeuner, se rendre au travail... Cependant, cela peut aussi être une mauvaise chose, car ces pensées sont si habituelles et automatiques que nous ne leur prêtons pas beaucoup d'attention. Si vous repensez à la dernière fois où vous vous êtes énervé, vous souvenez-vous à quoi vous pensiez ? En fait, il faut beaucoup de pratique pour réussir à se concentrer sur les pensées qui nous traversent l'esprit.
Heureusement, comme la plupart des choses, si nous savons ce que nous cherchons, il est plus facile de le repérer, et nous pouvons reconnaître plus facilement nos schémas de pensée.

Un exemple assez courant se produit lorsque nous sommes au volant de notre voiture et qu'un autre véhicule nous coupe la route. Il est possible que les pensées suivantes traversent notre esprit : *pourquoi cela m'arrive-t-il toujours ? Comment ose-t-il ? Il n'aurait pas dû faire ça ! Les gens qui conduisent des voitures rouges sont dangereux. Voilà que ma journée pourrie continue, ça a été horrible, et maintenant, ça ! Je ne peux même pas rentrer chez moi en paix...*

Maintenant, si nous sommes capables de reconnaître ces pensées et de les défier, alors nous pouvons simplement nous moquer de nous-mêmes et dire : *oh, reprends-toi, c'est lui l'idiot. Ça n'a rien à voir avec moi, et c'est déjà oublié.* Cependant, si nous ne les reconnaissons pas ou ne les contestons pas, nous pouvons nous sentir en colère et ennuyés, et, dans une telle situation, gare à la prochaine personne qui se présentera devant nous et fera quelque chose qui ne nous plaira pas !

Le docteur Aaron Beck est considéré comme l'un des fondateurs de la thérapie cognitive. Dans les années 1960, il travaillait avec des patients souffrant de dépression et a remarqué que des courants de pensées négatives surgissaient spontanément. Il était alors convaincu que les pensées négatives automatiques – comme « *je ne fais jamais rien de bien* » ou « *je suis un perdant* » – affectaient le bonheur général et la santé mentale de ses patients, et causaient même des troubles plus graves, comme des dépressions, pour certains d'entre eux.

Il a remarqué que leurs pensées négatives et déformées se divisaient en trois catégories : les idées négatives sur la personne elle-même, sur le monde, et sur l'avenir. Il a appelé ces pensées des « pensées négatives automatiques » et leur a donné le sigle ANT, pour *automatic negative thoughts*.

Ces ANT, telles que décrites par le Dr Beck, sont des flux de pensées que nous pouvons remarquer si nous y prêtons attention. Ce sont des interprétations négatives de ce qui, selon nous, nous arrive. Et ces pensées ont généralement un impact sur notre humeur et nos sentiments.

Ainsi les ANT peuvent conduire au doute de soi, à l'anxiété, à la colère, à l'irritabilité et à la mauvaise humeur. Elles sont inutiles et ne nous sont d'aucune aide, et pourtant nous en avons tous.

Plus récemment, le docteur Daniel Amen, psychiatre renommé et auteur à succès outre-Atlantique s'est vu attribuer, à tort, le mérite d'avoir *inventé* les ANT. Bien qu'il n'ait pas créé le terme, il l'a surtout popularisé dans son livre à succès *Change Your Brain, Change Your Body*[12].

VOTRE CERVEAU EST L'ORGANE DE VOTRE PERSONNALITÉ, **DE VOTRE CARACTÈRE ET DE VOTRE INTELLIGENCE.** Il est fortement impliqué à faire de vous QUI VOUS ÊTES.

Daniel Amen, *Change Your Brain, Change Your Body*

Comment pouvons-nous identifier nos ANT ?

Les ANT ont quelques caractéristiques communes permettant de les distinguer des pensées positives. Tout d'abord, ces pensées sont toujours négatives : « *Je viens juste de rater la dernière sortie d'autoroute, donc je n'arriverai jamais à l'heure* », « *Je suis toujours en train de tout gâcher, ils penseront que je suis un idiot* », ou encore « *Elle ne m'a pas rappelé. Je n'en vaux pas la peine. Personne ne m'aime, de toute façon* ».
Ensuite, ces ANT nous font toujours nous sentir mal dans notre peau : « *Je suis un tel échec* », « *Je suis inutile* », « *Je ne fais jamais rien de bien* », « *Personne ne m'aime* » ou « *Je suis trop gros, trop vieux, trop inapte...* » Pire, elles nous font nous sentir mal dans la vie en général : « *Ma vie est inutile, sans espoir.* »

12. Éd. Harmony, 2015.

Elles ont aussi la capacité de nous autosaboter et ont tendance à nous empêcher de nous aider nous-mêmes : « *Si je fais ça, je suis voué à l'échec, alors à quoi ça sert ?* » Elles invitent à l'apathie et créent leurs propres croyances autolimitantes, nous liant à un cercle vicieux. Exemple, si vous ne faites que vous répéter que vous allez échouer, alors il y a de fortes chances pour que ça arrive !
Autre trait commun : ces pensées s'invitent elles-mêmes. Elles se présentent toujours avec le tact d'un rouleau compresseur qui viendrait vous informer que vous êtes un perdant ! Elles peuvent d'ailleurs devenir terriblement critiques : « *Tu ne seras jamais rien* », « *Tu es un égoïste* », « *Tu gémis constamment, pas étonnant que tu n'aies pas d'amis* ».
À l'image d'une bonne fourberie, les ANT sont extrêmement crédibles. Ainsi, il nous semble plus plausible de penser négativement à nous-mêmes que positivement : « *Tu n'es vraiment pas si bon, tu n'es tout simplement pas si intelligent* », « *Tu es crédule, les gens te voient venir, ils profitent toujours de toi* » ou « *Tu fais toujours tout de travers, tu es trop maladroite* ». Tous ces mots semblent acceptables et suffisamment justes pour que nous tombions dans le panneau et que nous fassions de ces avertissements des vérités. D'ailleurs, croire que nous ne sommes pas assez bons semble souvent être plus aisé que croire que nous sommes à la hauteur, non ?
Enfin, ces pensées automatiques et négatives sont biaisées. En effet, en plus de sembler acceptables, elles sont, la plupart du temps, déformées ou erronées. Ce n'est pas parce que nous n'obtenons pas un succès que nous ne réussissons jamais rien. Cela peut être renforcé par ce que nous ressentons ou par ce qui nous est arrivé par le passé. Par exemple, être licenciés et penser que nous n'obtiendrons jamais un autre emploi, tout en ignorant bien d'autres faits, est une ANT, car il aurait été possible de penser au fait que nous avons déjà réussi à trouver un emploi dans le passé et que nous avons maintenant quinze ans d'expérience dans un domaine particulier.

9 modèles d'ANT à surveiller

Les distorsions cognitives sont des façons sournoises que votre esprit utilise pour vous convaincre de quelque chose qui n'est pas vraiment vrai. Votre cerveau vous fait croire que vos pensées négatives sont exactes et logiques, mais, en réalité, elles ne servent qu'à renforcer la pensée et les émotions négatives.
Les psychologues reconnaissent une abondance de distorsions cognitives. Le nombre de ces distorsions change en fonction de la source référencée. Certaines listes sont si longues qu'il est difficile de s'y retrouver et quasiment impossible de les retenir toutes.
En travaillant sur le concept du sigle « ANT » du Dr Beck, le Dr Amen a réussi à rendre cette liste suffisamment courte pour pouvoir les mémoriser. Il nomme alors 9 des schémas de pensée négative automatiques les plus courants comme différentes catégories d'ANT.

ANT n° 1 : pensée noire ou blanche

L'utilisation de mots comme *toujours*, *jamais* et *tout/tous* est la marque de fabrique de cette ANT.
Par exemple : « Je ne vais jamais perdre de poids », « Je suis toujours en retard » ou « Tout le monde comprend ça, sauf moi ».

ANT n° 2 : se concentrer sur le négatif

Cette ANT implique de rejeter ce qui va bien, et de ne voir que le négatif. Comme Abraham Lincoln l'a dit un jour : « Nous pouvons nous plaindre parce que les rosiers ont des épines, ou nous réjouir parce que les rosiers ont des roses. »

ANT n° 3 : diseuse de mauvaise aventure

Nous ne parlons pas ici de médiums qui essaient de lire votre avenir dans une boule de cristal. Il est surtout question de ces diseuses de mauvaise aventure qui *savent* que le pire résultat possible dans n'importe quelle situation se produira.

Si votre réaction instinctive à toute nouvelle idée est : « *Ça ne va pas marcher* », vous pouvez souffrir de cette distorsion cognitive commune.

ANT n° 4 : lire dans les pensées des autres

Avec cette ANT, vous pensez savoir ce que pense une autre personne. Vous supposez, à tort, que ses pensées vous concernent et qu'elles ne sont pas bonnes.

ANT n° 5 : penser par le prisme de ses sentiments

Cela se produit lorsque vous avez des sentiments négatifs sans les remettre en question.
Vous pouvez être dans une situation où vous vous sentez stupide, par exemple. Il est alors courant que votre sentiment se transforme en pensée, bien que cette idée ne soit pas vraie.

ANT n° 6 : être gouverné par devoir ou falloir

L'utilisation des verbes *devoir* et *falloir* renforce le sentiment de culpabilité envers soi-même ou envers les autres. Démultiplier cette utilisation est rarement productif.

ANT n° 7 : étiquetage

Éliminez les étiquettes négatives telles que « paresseux », « stupide », « maladroit », « râleur » ou « perdant » de votre vocabulaire. N'étiquetez pas les autres, et ne vous étiquetez pas non plus.
Les étiquettes peuvent devenir une prophétie autoréalisatrice pour vous, et peuvent, à la longue, endommager vos relations avec les autres.

ANT n° 8 : prendre les choses personnellement

Lorsque les autres ne vous traitent pas aussi bien que vous le souhaitez, ne le prenez pas personnellement. Cela peut être difficile à entendre si vous êtes sujet à cette ANT, mais le monde ne tourne pas autour de vous. Les autres ne pensent pas à vous autant que vous

l'imaginez ! Si un collègue est grincheux, c'est probablement parce qu'il a eu une mauvaise nuit ou qu'il est accablé de travail ou encore qu'il s'inquiète de quelque chose qui n'a rien à voir avec vous.
Cette ANT fait d'ailleurs écho à l'un des *5 accords toltèques* de Don Miguel Ruiz et Don José Ruiz – *N'en faites pas une affaire personnelle* – que nous verrons dans le prochain chapitre.

ANT n° 9 : blâme

Cette dernière ANT est assez simple. Ne blâmez pas les autres pour vos propres problèmes. Sachez que vous êtes responsable de vos propres actions, pensées et attitudes.

Comment combattre les pensées négatives automatiques

La plupart du temps, les pensées négatives automatiques viennent dans notre tête et repartent rapidement, comme si des voleurs s'y étaient introduits par effraction. Nous nous retrouvons alors avec le désordre dans nos sentiments alors que nous n'avons pas vraiment pris conscience de ces pensées lorsqu'elles se sont produites.

Posez-vous des questions

Lorsque vous reconnaissez une pensée négative automatique, posez-vous les questions suivantes : Cette pensée est-elle vraie ? Cette pensée me sert-elle ? Y a-t-il une autre explication ou une autre façon de voir les choses ? Quels conseils pourrais-je donner à un ami qui aurait cette même pensée ?

Vous découvrirez qu'il existe de multiples autres façons de voir la situation.

Notez vos pensées négatives automatiques

Écrire vos pensées négatives automatiques peut vous aider à voir les tendances. Vous pouvez constater que certaines situations ou certaines personnes les déclenchent. Vous pouvez également découvrir que beaucoup de vos pensées négatives automatiques sont des variations sur quelques thèmes de base.
Vous vous sentirez moins submergé si vous comprenez que vous n'avez qu'une poignée de pensées négatives automatiques à maîtriser.

Considérez vos pensées négatives comme ennuyeuses

Si vous aviez une amie qui venait vous voir avec la même plainte ou la même histoire des dizaines de fois par jour, pensez-vous que vous continueriez à lui prêter attention ? En aucune façon ! Vous vous ennuieriez avec ses histoires, et seriez pressé qu'elle en finisse. Alors, pourquoi ne pas faire de même avec vos propres pensées négatives ?
La prochaine fois que vous aurez une pensée négative automatique, remarquez-la. Dites-vous : « *Ah, encore cette vieille pensée.* » Levez les yeux au ciel et soupirez intérieurement : « *Quel ennui !* » Reconnaissez que toutes vos pensées négatives ne sont pas si importantes, et laissez-les simplement partir.

Transformez vos pensées

Une autre façon de vaincre les ANT est de les transformer en pensées *positives* plus puissantes.
Pour ce faire, recadrez vos pensées négatives en quelque chose de plus édifiant et, ironiquement, de probablement plus réaliste. Par exemple, vous venez de faire une erreur au travail, si votre pensée négative est « *Je vais probablement être viré. Je me trompe toujours. Je ne suis finalement pas fait pour ce travail* », alors transformez-la en : « *OK, j'ai foiré, mais les erreurs, ça arrive. Je vais me reprendre et travailler encore plus et surmonter ça, comme je le fais toujours ! D'ailleurs, quel enseignement puis-je tirer de cette situation ?...* »

Recadrer les « je devrais » et « je ne devrais pas »

La prochaine fois que vous vous surprendrez en vous disant *« je devrais »* ou *« je ne devrais pas »*, remplacez cette déclaration par une phrase plus positive qui se concentre sur les avantages ou son alignement avec vos valeurs.

Par exemple, si vous vous entendez dire *« Je devrais faire de l'exercice »* – qui implique que vous ne faites pas d'exercice ou que vous ne voulez pas vraiment – dites-vous plutôt : *« J'ai hâte de faire de l'exercice »*, « *C'est important pour moi que je fasse de l'exercice* » ou « *J'adore la façon dont je me sens après avoir fait de l'exercice* ».

Ces pensées positives peuvent ne pas sembler vraies, au début, mais elles finiront par devenir vraies lorsque l'exercice deviendra une nouvelle habitude.

Ce recadrage fonctionne aussi très bien pour les choses que vous « ne devriez pas » faire.

Par exemple, si vous fumez, et que vous voulez arrêter ; au lieu de vous dire *« Je ne devrais pas fumer »*, transformez cette déclaration en : *« Je ne suis pas du genre à fumer », « Je choisis de ne pas fumer », « Je me sens bien quand je ne fume pas », « Je suis fier de moi quand je ne fume pas »...*

Autres façons d'apprivoiser les pensées négatives

La remise en question de vos pensées est le moyen le plus direct pour contrôler les pensées négatives automatiques, mais il existe d'autres techniques complémentaires pour soutenir ce processus.

La méditation excelle à vous aider à calmer votre esprit et à maîtriser les schémas de pensée négatifs. Comme expliqué un peu plus tôt dans cet ouvrage, en pratiquant la pleine conscience, on apprend à remarquer et à accueillir les pensées, en les laissant passer sans investissement émotionnel.

La méditation n'est pas la seule technique pour apaiser votre esprit. Vous pouvez obtenir des résultats similaires avec des exercices corps-esprit comme le yoga, la marche méditative, le tai-chi ou le qi gong.

Et, tant que vous l'exécutez en pleine conscience, vous pouvez transformer n'importe quelle activité en méditation.
Il est difficile de se sentir submergé par de mauvaises pensées tout en étant reconnaissant. Être reconnaissant réduit la négativité en créant un afflux d'hormones du bien-être comme la sérotonine, la dopamine et l'ocytocine. Selon l'un des experts en gratitude, le psychologue américain Robert Emmons, la gratitude favorise la résilience mentale et émotionnelle, tout en minimisant les émotions négatives sous-jacentes.
Maintenant que vous connaissez les pensées négatives automatiques les plus courantes, entraînez-vous à les reconnaître lorsqu'elles se produisent. L'étape suivante consiste à leur voler leur pouvoir en refusant de croire qu'elles sont vraies.

Enfilez votre blouse de chercheur, et analysez vos pensées en suivant l'exercice proposé ci-dessous.

FAITES TAIRE VOS ANT

En étant attentif à vos sentiments

Utilisez vos sentiments comme un signal et, chaque fois que vous vous sentez bouleversé, décrivez ce que vous ressentez avec le plus de précision. Exprimez-vous avec vos mots : « Je suis anxieux », « Je suis triste »... Et posez-vous la question : *« À quoi ai-je pensé ? »* Il est également possible d'exprimer cela avec une image, une métaphore ou une forme. Demandez-vous ce que vous avez vu.

En détectant les événements particuliers

Lorsque vous semblez bouleversé par un événement qui vient de se produire, essayez de retrouver ce que vous vous disiez sur la situation.

- COMMENT AI-JE VU CELA ?
- QU'EST-CE QUE CELA SIGNIFIAIT POUR MOI ?

En les comptant

Être conscient de vos ANT est essentiel pour vous aider à les défier. Une façon pourrait être de compter le nombre de fois où vous avez des ANT au cours d'une même journée.

En les notant

La meilleure façon de devenir plus conscient est de les écrire et d'identifier celles qui reviennent le plus souvent. Établissez votre top 5. En devenant votre propre scientifique chercheur d'ANT, vous déclenchez un mécanisme vous aidant à les regarder différemment, puis à vous en débarrasser.

Les 5 accords toltèques

Un livre culte

À l'origine, *Les Quatre Accords toltèques* est un best-seller d'une centaine de pages publié en 1997 aux États-Unis et écoulé à plus de quatre millions d'exemplaires dans le monde. C'est l'animatrice de télévision Oprah Winfrey, considérée alors comme la femme la plus influente de son pays, qui l'a sorti de l'ombre en 2000 en disant tout le bien qu'elle en pensait dans son célèbre talk-show. Depuis, l'auteur de l'ouvrage, le chamane mexicain Miguel Ruiz, a pris soin de faire de ses accords une marque déposée... Le livre a été traduit dans de nombreuses langues et a inspiré d'autant plus de professionnels : thérapeutes, psychologues, coaches... et même des romanciers comme Bernard Werber.

Mais que propose Miguel Ruiz ? À force de conditionnements culturels et éducatifs – beau ou laid, juste ou faux, bon ou mauvais... – et de projections personnelles : *« Je dois être gentil »*, *« Je dois réussir »*..., nous avons intégré une image fausse de nous-mêmes et du monde. Dans son ouvrage, Miguel Ruiz vise à ce que le lecteur brise ses croyances limitantes en l'incitant à s'engager à respecter quatre accords. Ces croyances sont celles que nous développons depuis l'enfance, qui distordent la réalité et nous maintiennent dans la souffrance.

Les idées développées ici ne sont pas nouvelles. Elles reprennent les principes de la thérapie cognitive, qui démontrent à quel point le manque de distance ou la généralisation abusive sont des pièges. La force de ces quatre accords réside principalement dans leur simplicité et leur concrétude. D'ailleurs, Miguel Ruiz n'ordonne rien. Il laisse entendre que, s'il a pu s'approprier ces accords, tout le monde peut le faire.

Les Toltèques et la famille Ruiz

Guerriers du nord de l'Amérique latine, les Toltèques ont vécu dans l'actuel Mexique entre les années 1000 et 1300. D'après les légendes et les vestiges retrouvés, ce peuple a développé le raffinement dans les arts et l'architecture, ainsi qu'une sagesse dont les fameux accords seraient la clé essentielle. Revendiquant fièrement cet héritage, les Aztèques auraient transmis le savoir et la philosophie des Toltèques.

Né en 1952 dans une famille de guérisseurs au Mexique, Miguel Ruiz devient neurochirurgien. Dans les années 1970, sa vie bascule à la suite d'une expérience de mort imminente. Il décide alors de retrouver le savoir de ses ancêtres toltèques, devient chamane et se donne pour mission de transmettre cette sagesse au plus grand nombre. Après des années d'enseignement et d'écriture, il est victime d'une attaque cardiaque en 2002, et passe le relais à son fils, José Luis Ruiz, avec qui il dévoile le cinquième accord.

Les 4 accords

Accord n° 1 : que votre parole soit impeccable

Parlez avec intégrité, ne dites que ce que vous pensez. N'utilisez pas la parole contre vous ni pour médire d'autrui.

Si vous dites à un enfant qu'il est maladroit, il y aura de fortes chances qu'il se sente étourdi toute sa vie. Qui n'a pas gardé en mémoire une phrase blessante d'un proche et ne l'a faite encore résonner une fois adulte ? La parole est un outil qui peut détruire. Les mots ont du poids. Cet accord nous incite à cultiver la modération dans nos propos : ne pas en dire trop ni trop vite. D'après le chamane Miguel Ruiz, cela commence dans le discours que l'on se tient à soi-même, dans notre discours intérieur. Les critiques et les jugements que nous cultivons sur autrui et sur nous-mêmes, comme les « Je suis nul » ou « Je suis gros », sont des paroles négatives qui polluent notre mental. Or elles ne sont que des images faussées en réponse à ce que nous croyons que l'autre ou le monde attend de nous.

En acceptant cet accord, nous nous engageons à parler peu, mais vrai, en étant attentifs à nous-mêmes et aux autres.

Accord n° 2 : n'en faites jamais une affaire personnelle

Ce que les autres disent et font n'est qu'une projection de leur propre réalité. Lorsque vous êtes immunisé contre cela, vous n'êtes plus victime de souffrances inutiles.

Avez-vous déjà entendu quelqu'un vous critiquer ou vous encenser ? Ce n'est pas vous, c'est l'image que l'autre se fait de vous. En réalité, les paroles et les actes de l'autre ne nous concernent pas.

Ils appartiennent à l'autre, car ils sont l'expression de ses propres croyances.

De plus, tout ce qui arrive autour de nous n'est pas forcément une conséquence de notre comportement. Le croire systématiquement est même égocentrique.

Cet accord nous incite à garder notre discernement et à prendre du recul. Ramener à soi ce qui appartient à l'autre déclenche inévitablement de la peur, de la colère ou de la tristesse, et une réaction de défense. En laissant à l'autre la responsabilité de ses paroles ou de ses actes, en évitant de nous en mêler, nous avons alors le pouvoir de calmer le jeu.

Accord n° 3 : ne faites aucune supposition

Demandez ! Ayez le courage de poser des questions et d'exprimer vos vrais désirs. Communiquez clairement avec les autres pour éviter tristesse, malentendus et drames.

Ce matin, notre collègue ne nous a pas salués ; nous imaginons donc qu'il nous en veut – scène banale dans la vie d'un *open space*. Nous supposons, nous élaborons des hypothèses, et nous finissons par y croire. Dès lors, notre hypothèse devient une croyance : « *Ce collègue est fâché contre moi.* » Nous réagissons en mettant en marche un comportement négatif et stressant : « *Je dois le convaincre de m'apprécier à nouveau* » ou « *Je ne l'aime pas vraiment, de toute manière* ». D'après Miguel Ruiz, c'est un *poison émotionnel*. Sa proposition est d'apprendre à mettre les choses à plat, par exemple en exprimant nos doutes, en questionnant directement nos interlocuteurs… En acceptant ce troisième accord, nous prenons conscience que nos suppositions sont les créations de notre pensée.

Accord n° 4 : faites toujours de votre mieux

Votre « mieux » change d'instant en instant. Quelles que soient les circonstances, faites simplement de votre mieux, et vous éviterez de vous juger.

Les quatre accords de Miguel Ruiz se complètent tels les morceaux d'un puzzle. Cette quatrième pièce s'emboîte à la perfection avec les trois

premières et nous indique que, lorsque nous en faisons trop, nous nous vidons de notre énergie et nous finissons par agir contre nous. Alors que, si nous en faisons moins, nous nous exposons à la frustration, à la culpabilité et au regret. Le but est donc de trouver le juste équilibre.
Pour Miguel Ruiz, certains jours, faire ce qu'il y a de mieux pour soi, c'est s'autoriser une pause. Ce qui est juste pour soi ne dépend en aucun cas d'une norme. L'un des moyens d'éviter de tomber dans le piège de la course à la perfection est de remplacer nos *« Je dois faire ceci »* par des *« Je peux faire cela »*. Ce quatrième accord nous invite à nous approprier pleinement l'objectif à atteindre, sans nous soucier du jugement et des attentes des autres.

Le cinquième accord

En 2010 paraît le livre *Le Cinquième Accord toltèque : la voie de la maîtrise de soi*[13], dans lequel Miguel Ruiz et l'un de ses fils, José Ruiz, coécrivent la cinquième pièce du puzzle.
Cet accord divulgué nous apprend un précepte et une nouvelle façon d'interagir avec les quatre autres. Dans cette nouvelle approche, père et fils abordent l'idée de ne pas croire aveuglément aux autres ni en soi-même. Ils rappellent qu'une information mérite d'être complètement digérée et mûrie.

Accord n° 5 : soyez sceptique, mais apprenez à écouter

Ne croyez ni vous-même ni personne d'autre. Utilisez la force du doute pour remettre en question tout ce que vous entendez : est-ce vraiment la vérité ? Écoutez l'intention qui sous-tend les mots, et vous comprendrez le véritable mensonge.
Ne croyons pas tout ce qu'on nous dit ! Remettons en question ce que nous entendons et cherchons la ou les sources de l'information pour connaître la vérité ou, en tout cas, *notre* propre vérité. L'invitation

13. Guy Trédaniel éditeur.

est également d'être sceptique envers nous-mêmes et ce que nous nous disons intérieurement, en remettant en cause nos croyances limitantes et nos critiques non constructives.

Intéressons-nous à ce que disent les autres pour comprendre ce qu'il se dit, l'intention derrière les mots, le véritable message derrière les palabres. On parle souvent d'« écoute active » ou d'« empathie ». S'ouvrir aux propos des autres en prenant le temps de les écouter, c'est mettre de côté la confrontation et la hargne à l'origine de certains accrochages. En ne cédant pas à un scepticisme mal placé, nous favorisons le débat constructif, tout en nous protégeant de conflits nauséabonds.

Les deux conseils regroupés dans cet ultime accord permettent de tendre vers un équilibre entre le scepticisme et la crédulité.

UTILISEZ LES 5 ACCORDS POUR UN QUESTIONNEMENT PUISSANT

Accord 1 : que votre parole soit impeccable

- COMMENT JE PARLE DES AUTRES ?
- COMMENT JE PARLE DE MOI-MÊME ?
- QUI EST-CE QUE JE JUGE ?

Accord 2 : n'en faites jamais une affaire personnelle

- COMMENT JE RÉAGIS À CE QUE CETTE PERSONNE DIT DE MOI ?
- Y A-T-IL UNE PARTIE DE MOI QUI ME JUGE DE LA MÊME MANIÈRE ?
- QUE ME DISENT SES PROPOS SUR ELLE-MÊME ?

Accord 3 : ne faites aucune supposition

- QUELLES SONT LES SUPPOSITIONS QUE JE FAIS AU SUJET DE MA VIE, AU SUJET DES AUTRES ET AU SUJET DES CIRCONSTANCES QUE JE TRAVERSE ?
- ET SI JE FAISAIS LES SUPPOSITIONS INVERSES ?

Accord 4 : faites toujours de votre mieux

- OÙ EST-CE QUE JE FAIS DE MON MIEUX DANS MA VIE ?
- OÙ EST-CE QUE J'EN FAIS TROP ?
- OU PAS ASSEZ ?

Accord 5 : soyez sceptique, mais apprenez à écouter

- AI-JE BESOIN DE CROIRE CE QUE ME DIT CETTE PERSONNE ?
- AI-JE BESOIN DE CROIRE CE QUE JE ME RACONTE ?
- ET SI J'ÉCOUTE CE QU'ON ME DIT, SANS FORCÉMENT LE CROIRE, QU'EST-CE QUE CELA M'APPREND ?

Notre sagesse intérieure

Ce que nous nous disons compte !

Les recherches du psychologue Zach Estes démontrent que, globalement, ceux qui se disent qu'ils ne réussiront pas ne réussissent pas. Dans son étude, Zach Estes met en place trois groupes de participants auxquels il fait passer des tests. Le groupe A est composé

de personnes pessimistes sur l'atteinte de leur objectif ; le groupe B est un groupe témoin ; et le groupe C est constitué de personnes qui se disent qu'elles vont parvenir à leurs fins. Les premiers résultats de l'étude de Zach Estes montrent que les participants du groupe A ont moins bien réussi les tests proposés que les participants des deux autres groupes. Cependant, quand on a dit aux membres du groupe A : « Essayez et vous pourrez probablement résoudre le test de l'étude », ils ont aussi bien réussi que les deux autres groupes.
Cela nous dit que, lorsque nous agissons, même si nous manquons d'abord de confiance en nous, nous pouvons généralement être au moins aussi bons que n'importe qui d'autre. Cela nous indique également que notre critique interne a un impact négatif mesurable sur nos performances.

Plus nous ruminons, plus nous nous inquiétons et écoutons notre *critique intérieur*, plus ces pensées deviennent automatiques. Nos décisions et nos comportements sont alors influencés et limités par ces pensées.
Plus nous jouons ce jeu, plus notre cerveau devient câblé uniquement pour jouer les pensées automatiques négatives que nous avons abordées au chapitre précédent. Cela s'accentue face à quelque chose qui se situe en dehors de notre zone de confort, comme une décision à prendre pour changer de vie ou démarrer une nouvelle activité.
La recherche en neurosciences révèle que, pour changer notre capacité à agir, à apprendre et à grandir, nous n'avons qu'à changer nos pensées. Nous pouvons ainsi reprogrammer notre cerveau pour établir plus de confiance en nous.

Reprogrammer notre cerveau

Lorsque nous visons des objectifs ambitieux ou un changement majeur dans notre vie, le saut nécessaire en dehors de notre zone de confort déclenche notre système d'alarme interne. C'est alors que notre *critique intérieur* devient bruyant et parfois très persuasif.

Rappelons-nous toutefois que notre critique intérieur provient de notre instinct de survie, ce qui signifie qu'il veut avant tout nous protéger. Depuis la nuit des temps, il nous préserve de l'inconnu.
Mais, si l'objectif de notre critique intérieur est de nous garder en sécurité, la réalité est qu'il limite notre croissance et la réalisation d'objectifs que nous espérons significatifs pour nous-mêmes. Parfois, nous devenons tellement habitués à entendre ces voix que nous les confondons avec la voix d'un meilleur jugement, la voix de notre *sagesse intérieure*.

Différencier notre critique intérieur de notre sagesse intérieure

Notre critique intérieur diffuse en nous une énergie de peur. Il nous fait nous sentir contractés, limités et lourds. Ces voix critiques peuvent être méchantes, elles peuvent nous réprimander ou peuvent être persuasives, mais uniquement dans le but de nous faire maintenir le statu quo.
La voix de notre sagesse intérieure a l'énergie de l'expansion et de la légèreté. Elle semble ancrée. Elle nous indique les opportunités, la confiance et les possibilités qui s'offrent à nous.
Lorsque nous nous orientons vers des objectifs ambitieux, nous devons commencer par identifier notre type de pensées. Est-ce notre critique intérieur ou notre sagesse intérieure qui nous parle ? Ensuite, il nous faut choisir de développer des pensées plus favorables.
Voici un processus en 7 étapes pour choisir un schéma de pensée plus juste pour nous-mêmes. Ce processus est utilisé par les coaches pour aider la personne accompagnée à accorder plus de pouvoir à sa sagesse intérieure et à reprogrammer son cerveau vers l'action et la confiance.

REPROGRAMMEZ VOTRE CERVEAU POUR PLUS DE CONFIANCE ET DE CONCENTRATION SUR VOTRE SAGESSE INTÉRIEURE

Étape 1 : examinez ce qui est présent

Commencez par explorer l'énergie et l'impact de votre *critique intérieur* et développez la volonté de vous engager vers une énergie différente.

- QUEL EST VOTRE RESSENTI LORSQUE LES VOIX DE VOTRE CRITIQUE INTÉRIEUR DEVIENNENT FORTES ? AIMEZ-VOUS L'ÉNERGIE DE CETTE VOIX NÉGATIVE ?

- QU'EST-CE QUE VOTRE CRITIQUE INTÉRIEUR NE VOUS PERMET PAS DE FAIRE DANS VOTRE VIE ? QUEL EN EST L'IMPACT ?

- QU'EST-CE QUI S'OFFRE À VOUS, SI VOUS RECONNAISSEZ QUE VOTRE CRITIQUE INTÉRIEUR N'EST QU'UNE DES NOMBREUSES VOIX OU PERSPECTIVES ?

- VOULEZ-VOUS EXPLORER LE TRAVAIL À PARTIR D'UNE ÉNERGIE MOINS PUNITIVE ?

- SELON L'INTENSITÉ DE VOTRE CRITIQUE INTÉRIEUR, IL PEUT ÊTRE DIFFICILE DE RÉPONDRE À CES QUESTIONS. ET VOUS, QU'AVEZ-VOUS RESSENTI EN RÉPONDANT À CES QUESTIONS ?

Étape 2 : remarquez la voix de votre critique intérieur, et nommez-la

Prenez conscience du moment où votre critique intérieur s'exprime, en vous remémorant, par exemple, un épisode de votre vie où il était présent – si possible, dans un passé proche.
Notez la façon dont votre critique intérieur communique avec vous.

Un moyen efficace de désamorcer votre critique intérieur est de le personnifier :

- À QUOI RESSEMBLE VOTRE CRITIQUE INTÉRIEUR ? DONNEZ DE LUI UNE DESCRIPTION LA PLUS PRÉCISE POSSIBLE.

- SI VOTRE CRITIQUE INTÉRIEUR ÉTAIT UN PERSONNAGE DE ROMAN OU DE FILM, QUI SERAIT-IL ?

Le but de cette étape est de vous désolidariser de votre critique intérieur. Votre critique n'est pas vous et vous n'êtes pas votre critique.

Étape 3 : prenez conscience de l'impact de votre critique intérieur

Pour cette étape, reconnectez-vous à des situations dans lesquelles votre critique intérieur devient plus fort :

- QUAND VOTRE CRITIQUE INTÉRIEUR AIME-T-IL S'EXPRIMER ?

- COMMENT RÉAGISSEZ-VOUS ?

COMMENT AVEZ-VOUS ENVIE DE TRANSFORMER CES SITUATIONS ?

Étape 4 : soyez reconnaissant

Et si vous traitiez votre critique intérieur avec compassion, au lieu de vous juger vous-même ? Votre critique intérieur essaie simplement de vous garder en sécurité – le problème est qu'il le fait d'une manière vraiment extrême ou sournoise, et ce mode de fonctionnement ne vous sert plus. Cela peut même vous empêcher de vous développer vers votre meilleur moi.

QU'EST-CE QUE VOTRE CRITIQUE INTÉRIEUR N'AIME PAS, DANS CETTE SITUATION ?

QUELLE PARTIE DE VOUS VEUT SAISIR CETTE NOUVELLE OPPORTUNITÉ ?

Il est question ici de remercier votre porte-parole pour s'être assuré d'avoir regardé dans les deux sens avant de traverser la route !

Étape 5 : si nécessaire, supprimez-le

Votre critique intérieur prend peut-être trop de place, et vous n'arrivez pas à le calmer, il est alors possible de le retirer de la scène.
Pour ce faire, imaginez ce que vous voudriez faire de votre critique intérieur. Il peut s'agir de le faire déménager, partir en vacances, de l'envoyer dans l'espace, de le faire exploser... Prenez un moment pour visualiser la scène.
À la suite de cette visualisation, notez ce que vous ressentez dans votre corps et ce qui est possible à présent.

Étape 6 : remplacez-le par votre sagesse intérieure !

Lorsque nous accordons les pleins pouvoirs à notre sagesse intérieure, nous nous autorisons à être inspirés. Il s'agit d'un espace beaucoup plus motivant et excitant pour agir et diriger notre vie. Demandez-vous :

- QUELLE EST LA VOIX DE MON MOI COMPATISSANT ET INSPIRANT ?

- QUELS SONT LES MESSAGES INSPIRANTS ET ENCOURAGEANTS DE MA SAGESSE INTÉRIEURE ?

- QUELLE ÉNERGIE NAÎT EN MOI QUAND JE ME CONNECTE À MA SAGESSE INTÉRIEURE ? OÙ SE SITUE CETTE ÉNERGIE DANS MON CORPS ?

- QU'EST-CE QUI DEVIENT POSSIBLE LORSQUE JE CHOISIS D'ÉCOUTER MA SAGESSE INTÉRIEURE ?

Étape 7 : restez attentif aux signaux

Lorsque vous défiez votre critique intérieur et sortez de votre zone de confort, il est particulièrement important de rester attentif aux signaux, et de vous concentrer sur votre sagesse intérieure.

En réduisant la place de notre *critique intérieur* et en accordant les pleins pouvoirs à notre *sagesse intérieure*, nous avons enfin le moyen de voir nos possibilités, nos capacités et notre bonté.
Lorsque les choses ne se déroulent pas comme prévu, notre sagesse intérieure nous permet de voir une situation, un échec ou une peur à travers la lentille de la compassion. Cela signifie que nous sommes mieux en mesure d'explorer l'apprentissage et les opportunités qui s'offrent à nous.
Cette position compatissante de notre sagesse intérieure alimente une motivation pour entreprendre des actions et des objectifs nouveaux et stimulants ; non pas par l'énergie de la peur, mais par un sentiment de compréhension, de créativité et d'excitation.

IL N'Y A PAS DE MAÎTRISE
à la fois plus grande et plus humble
que celle que l'on exerce sur soi.

Léonard de Vinci

Le *mental fitness*

NE CROYEZ PAS TOUT
ce que vous pensez.

Vu sur un pare-chocs de voiture

Le neuroscientifique et psychologue Shirzad Chamine, notamment connu pour son livre *Positive Intelligence*[14], a décrit un système opérationnel composé de 10 *saboteurs* et 5 *pouvoirs de notre sage intérieur* dont nous sommes tous munis.
Sa classification est un excellent outil pour nous aider à repérer les voix intérieures qui nous sabotent.

Les 10 saboteurs

Nous avons vu que, dès que nous voulons entreprendre quelque chose de nouveau et sortir de notre zone de confort, les voix des saboteurs intérieurs expriment bien fort leur mécontentement.
Nous sommes alors stressés, anxieux, découragés ou tristes. Nous nous sentons mal, et le syndrome de l'imposteur prend le dessus. Shirzad Chamine nous rappelle que nos saboteurs intérieurs sont là pour nous éviter la catastrophe, mais qu'en contrepartie, lorsqu'ils prennent trop de place, ils nous empêchent de nous accomplir en nous surprotégeant.

14. Éd. Greenleaf Book Group, 2012, en anglais.

Il définit ainsi dix types de saboteurs que je vous invite à découvrir.

Saboteur n° 1 : le juge

C'est le maître des saboteurs, le saboteur universel, parce que nous l'avons tous. À cause de lui, nous nous jugeons nous-mêmes, nous jugeons les autres et nous jugeons les circonstances. Ce saboteur est particulièrement pénible. C'est lui qui nous met constamment en garde contre les risques futurs, qui nous réveille en plein milieu de la nuit et qui insiste sur ce qui ne va pas chez nous, chez les autres ou dans notre vie.
Sa phrase type est : « Tu es trop ceci/pas assez cela. »

Saboteur n° 2 : le contrôlant

Il a besoin de tout prendre en charge et de contrôler toutes les situations ou actions des autres ou de nous-mêmes en fonction de son propre filtre. Son comportement est gouverné par l'anxiété. C'est un saboteur rigide qui pense mieux gérer que les autres, et qui ne sait pas lâcher prise.
Ses phrases types sont : « Je dois tout anticiper et être partout » ou « Pas besoin qu'on me dise ce que je dois faire ».

Saboteur n° 3 : le maniaque/perfectionniste

Ce saboteur veut que tout soit parfait tout le temps. C'est non seulement impossible, mais épuisant. Il a besoin d'ordre et d'organisation, mais il va trop loin. Il est ponctuel et méthodique. Il est rigide et manque totalement de flexibilité face au changement et aux autres. Il est à l'origine d'une profonde anxiété ou d'une immense frustration.
Ses phrases types sont : « Je n'ai pas le droit à l'erreur » ou « Je sais que ma façon de faire est la meilleure ».

Saboteur n° 4 : l'évitant

L'évitant se concentre sur le positif et l'agréable, d'une manière extrême. Il évite, du coup, les tâches difficiles ou désagréables, les conflits et les discussions délicates. Conséquence : il minimise

l'importance des problèmes réels et tente de détourner l'attention des autres.
Ses phrases types sont : « Évitons le conflit coûte que coûte » ou « Ça passera avec le temps ! ».

Saboteur n° 5 : l'agité

C'est celui qui est tout le temps en train de travailler et d'en faire toujours plus. Il ne s'arrête jamais. Il est non seulement agité, mais continuellement à la recherche de plus grands défis. Il se sent rarement en paix ou satisfait de l'activité en cours.
Ses phrases types sont : « Go, go, go ! » ou « Il faut aller encore plus loin, faire toujours plus ».

Saboteur n° 6 : la victime

Ce saboteur a tendance à utiliser les émotions ou le caprice pour attirer l'attention et l'affection sur lui. Il joue, en général, les martyrs et, s'il est critiqué ou incompris, il se retire ou va bouder dans son coin.
Ses phrases types sont : « Ce n'est pas juste », « Ça n'arrive qu'à moi » ou « Personne ne me comprend ».

Saboteur n° 7 : l'hyperperformant

Il est accro à la performance et à l'accomplissement, dans le but d'obtenir la validation de lui-même et des autres. Il est obsédé par le succès ; ce qui le mène à devenir un insoutenable bourreau de travail. Il perd alors tout contact avec ses propres besoins émotionnels et relationnels.
Ses phrases types sont : « Il faut que je sois le meilleur », « Si ce n'est pas parfait, ça ne sert à rien » ou « Les émotions sont une perte de temps ».

Saboteur n° 8 : l'hypervigilant

Si ce saboteur intérieur était vivant, il ne sauterait en parachute que s'il en avait deux de secours et un filet à l'atterrissage… Ce saboteur nous susurre à l'oreille en permanence : « Attention, fais gaffe, prévois

toutes les galères. » Il ressent une anxiété intense sur tout et voit le danger partout. Il est constamment en alerte vigilance rouge !
Sa phrase type est : « Impossible que je me lance, si je ne suis pas à 100 % sûr. »

Saboteur n° 9 : le conciliant

C'est le saboteur qui dit oui à tout pour être aimé. Il a une soif énorme d'amour et de reconnaissance : il dit oui à tout, et tout le temps, pour faire plaisir aux autres. Il tente ainsi indirectement de gagner l'acceptation et l'affection des autres en aidant, en faisant plaisir, en sauvant ou en flattant. Il en perd de vue ses propres besoins ; ce qui peut lui faire ressentir de la frustration ou de la rancune.
Sa phrase type est : « Oui, bien sûr, avec plaisir, quand tu veux. »

Saboteur n° 10 : l'hyper-rationnel

Tout est traité à travers le filtre de la rationalité, y compris les interactions humaines. Il peut donc être perçu comme froid, distant, secret ou arrogant.
Ses phrases types sont : « Pas le temps pour les émotions, je veux de la logique, du carré et du rationnel », « Les sentiments me distraient et me font perdre du temps » ou « Les gens sont irrationnels et manquent de rigueur ».

Les 5 pouvoirs du sage intérieur

Dans son ouvrage, Shirzad Chamine décrit les 5 attributs, ou pouvoirs, du sage intérieur qui est disponible en chacun de nous : l'empathie, l'exploration, l'innovation, la navigation et l'activation.
Ensemble, ces cinq pouvoirs contribuent à créer une vision du monde interne plus positive, et nous permettent de nous concentrer sur ce qui est devant nous, dans l'instant présent, plutôt que de nous soucier de ce qui va suivre.

Pouvoir n° 1 : l'empathie

L'empathie consiste à ressentir et à montrer de l'appréciation, de la compassion, et du pardon. Il s'agit ici d'une part d'être à l'écoute de soi-même et de ses propres besoins, et d'autre part d'être empathique envers les autres. Et ces deux cibles sont importantes. Une empathie plus profonde pour soi-même permet généralement d'avoir une empathie plus profonde pour les autres. Pour la plupart d'entre nous, avoir une véritable empathie pour soi est la chose la plus difficile à faire. Pourquoi ? Vous l'avez deviné : le juge interfère en permanence.

Le pouvoir d'empathie peut être utilisé lorsque des sentiments forts sont impliqués ou que nos réserves émotionnelles s'épuisent.

Pouvoir n° 2 : l'exploration

Enfants, nous savions tous explorer de manière pure, vivre de grandes curiosités. Nous étions fascinés par la découverte. Le pouvoir d'exploration a une pureté similaire, comme un enfant marchant le long d'un rivage, retournant chaque galet pour voir ce qu'il y a en dessous. Ce pouvoir génère une énergie et une émotion basées sur la curiosité, l'ouverture, l'émerveillement et la fascination pour ce qui est exploré. Le sage peut activer cet état d'esprit d'exploration, même au milieu d'une grande crise.

Le pouvoir d'exploration peut être utilisé lorsque nous avons besoin d'en savoir plus sur ce qu'il se passe, avant de décider, ou en agissant.

Pouvoir n° 3 : l'innovation

Alors que le pouvoir d'exploration consiste à découvrir ce qui est, le pouvoir d'innovation consiste à inventer ce qui n'est pas. La véritable innovation consiste à sortir du cadre et à faire abstraction des hypothèses et des habitudes qui nous retiennent.

Le pouvoir d'innovation peut être utilisé lorsque les idées évidentes ou existantes ne suffisent plus et que nous avons besoin de penser hors du cadre.

Pouvoir n° 4 : la navigation

Le pouvoir de navigation de notre sage intérieur consiste à faire des choix entre différents chemins et des alternatives basées sur notre boussole interne, en cohérence. Les coordonnées sur cette boussole sont nos valeurs profondes ou ce qui donne à notre vie un sens. Si nous continuons à naviguer avec cette boussole, nos choix ainsi accumulés génèrent l'accomplissement qui revient à vivre une vie en harmonie avec nos idéaux et nos principes.

Le pouvoir de navigation peut être utilisé lorsque nous avons besoin de retrouver un alignement avec nos valeurs les plus profondes.

Pouvoir n° 5 : l'activation

Certains craignent que l'attitude du sage – qui consiste à accepter tout comme un cadeau ou une opportunité – mène à la passivité, à la paresse et au manque d'ambition et d'action. La réalité est exactement le contraire. Le pouvoir d'activation de notre sage intérieur nous mène dans l'action pure, où toute notre énergie mentale et émotionnelle est focalisée sur l'action, sans être distrait par nos saboteurs.

Le pouvoir d'activation peut être utilisé lorsque nous avons besoin de nous mettre en action sans les interférences de nos saboteurs.

Comment se débarrasser des saboteurs ? Comment donner plus de place à notre sage intérieur ?

Malheureusement, il n'est pas possible de faire disparaître définitivement nos saboteurs. Par contre, il est possible de minimiser leur taille, d'apprendre à vivre avec, à les détecter et à les maîtriser. Il faut donc, d'abord, repérer ceux qui sommeillent en nous et prennent trop de place, avant de les mettre un peu en sourdine lorsqu'ils font surface.

ARRÊTEZ LES EXCUSES ET LES HISTOIRES QUE VOUS VOUS RACONTEZ À VOUS-MÊME

Les 3 pourquoi

Posez-vous une série de questions qui commencent par « pourquoi ».

Exemples

Question 1. Pourquoi je ne me lance pas dans cette nouvelle aventure ?
Réponse 1. Je ne suis pas prêt, car je n'ai jamais le temps.

Question 2. Pourquoi je n'ai pas le temps ?
Réponse 2. Je dois faire les activités pour lesquelles je me suis engagé.

Question 3. Pourquoi je me suis engagé à réaliser toutes ces actions ?
Réponse 3. Pour faire plaisir à mes collègues, pour leur rendre service...

Généralement, au bout du troisième pourquoi, votre excuse initiale capote.

À votre tour !

Bravo ! Cerise sur le gâteau : vous avez sans doute débusqué un saboteur. Dans la réponse 3, nous avons mis le doigt sur un conciliant.

Nommez vos saboteurs

En nommant vos saboteurs, vous pouvez plus facilement les dissocier de vous-même et avoir sur eux un recul salutaire. Si, dans votre cas, c'est le conciliant qui s'est emparé de vous, vous pouvez, par exemple, le baptiser « Madame Oui » et lui parler intérieurement : « Et voilà ! Il y a Madame Oui qui rapplique et qui me dit d'accepter ce projet juste pour faire plaisir à mon boss !… Ce n'est pas une bonne idée, et je n'en ai ni l'envie ni le temps. »

Renforcez votre sage intérieur et ses superpouvoirs

Laissez la place à cette voix positive et bienveillante qui vous dit que vous avez des talents, des qualités, des compétences qui vous rendent unique. Parce que nous avons tous des talents. Inspirez-vous des cinq pouvoirs de votre sage pour renforcer cet état d'esprit positif et propice.

Les doutes et les pensées négatives font partie de notre quotidien. Ils constituent de réels perturbateurs dans notre désir de prendre notre envol, et seront même les déclencheurs de nos turbulences lorsque nous serons en l'air. Avec les cinq techniques présentées, nous sommes armés pour apaiser les voix négatives et nous permettre de reprendre notre cap.

S'offrir du temps

TOUT LE MONDE VEUT VIVRE
au sommet de la montagne,
mais tout le bonheur et la croissance
se produisent pendant que
vous l'escaladez.

Gabriel García Márquez

Qu'avons-nous retiré de l'expérience de la connexion à notre intuition ? S'il y a des défis, que pouvons-nous entreprendre pour les surmonter ? N'oublions pas que la création d'un accès plus facile à notre sagesse intérieure nécessite la pleine conscience – ce qui demande de la pratique et de la patience. Nous entraînons ainsi notre cerveau à prêter une plus grande attention à nos pensées, séparant de la sorte notre *esprit pensant* et notre *esprit observateur*. Nous devenons de plus en plus attentifs aux signaux de la vie et détectons les opportunités que nous offre cette dernière. Ce chapitre est volontairement court, et j'y partage avec vous trois histoires, comme une parenthèse dans votre exploration.

S'arrêter et profiter davantage de la vie

Jeanne est expatriée à Londres où elle vit depuis sept ans. Elle y a trouvé son *job de rêve* à la sortie de son école d'ingénieur. Voici l'anecdote qu'elle a bien voulu partager :

> Il y a un an, il m'a été offert une formidable opportunité : un week-end gratuit aux abords du mont Snowdon, au pays de Galles. Ayant souffert de problèmes de santé chroniques au cours des six dernières années de ma vie, je suis plutôt habituée à *hiberner*. Mes journées sont routinières, et je me laisse ainsi porter inlassablement du noir au blanc, et du blanc au noir : me réveiller, boire un thé vert, aller travailler, rentrer à la maison, m'allonger, manger ce qui m'est autorisé, dormir. Pourtant, mon esprit est toujours tellement occupé, rempli de tâches sans fin, de grands rêves et d'un sentiment de pression grandissant, comme si j'avais envie de plus. Toujours plus. Au fond de moi, je sens bien que cette maladie me grignote et me vole mon temps...
>
> Lorsque cette opportunité s'est présentée à moi, j'ai immédiatement ressenti de la peur et les questions se sont multipliées dans ma tête : « Et si je ne pouvais pas gérer le voyage ? », « Et si je ne dormais pas suffisamment ? », « Et si je ne trouvais pas de nourriture que je pourrais tolérer ? ». Pourtant, une autre partie de moi-même vibrait et se sentait surexcitée. Une aventure. Une histoire. Une partie de moi perdue depuis si longtemps.
>
> Le lendemain matin de l'annonce, j'étais déjà en route pour le pays de Galles. Un voyage de six heures, partagé avec mon meilleur ami Martin, qui nous a amenés à une petite auberge pittoresque et calme en haut des collines. De la fenêtre de ma chambre, je voyais les moutons éparpiller leur laine blanche comme de minuscules points blancs sur une vaste terre stérile. Un ciel gris et des arbres vert profond se balançaient au gré du vent.

Pour cette soirée, en attendant notre premier repas sur place, nous nous sommes assis tranquillement dans la pièce principale de l'auberge et nous avons observé. De hauts plafonds et des tapis rouges gardaient cet espace silencieux. Le vent extérieur hurlait déjà en préparant son concert nocturne. Pour cette première nuit à destination, Martin et moi nous sommes endormis dans notre nouveau monde. Un no man's land, qui ressemblait étrangement à notre nouvelle maison.
Nous nous sommes levés, le lendemain matin, sans plan précis, mais simplement pour nous réveiller et voir où le vent nous mènerait.
Nous avons choisi de contourner les collines sinueuses et de garer la voiture de location sur le côté gauche de la route. Nos yeux brillaient à la vue de champs verts ondoyants, de vieilles portes en fer rouillées et de rivières ruisselantes bordées ici et là par des fougères et des rochers.
Donc nous avons marché.
Nous avons marché, et nous avons marché encore. Nous avons vu un chapeau bleu usé, abîmé, solitaire, laissé et oublié depuis longtemps. Mes bottes tamponnaient la boue silencieuse écrasée d'une neige fraîchement tombée. Nous avons continué. J'étais déterminée à atteindre le sommet.
Une heure après le début de notre ascension, j'ai crié de joie :
— Regarde, Martin, nous y sommes presque !
— Non, me dit-il en soufflant, ce n'est que le début.
Il avait raison. Alors que nous atteignions ce que j'avais pensé être *notre* sommet, une autre montagne plus haute, plus rocheuse et plus enneigée se dressait soudain devant nous.
— Oh ! dis-je, un peu déçue.
Ainsi, nous avons continué à grimper. Cela m'a paru durer des heures. À ma grande surprise, à chaque sommet que nous atteignions, un autre se révélait. Chacun avec ses propres beautés complexes – des lagunes bleues, de jolies couvertures blanches de neige vierge, des hauteurs plus élevées avec une lueur blanche éblouissante, etc.

Trois heures plus tard, j'ai finalement compris que ma volonté d'atteindre chaque nouveau sommet limitait ma joie. La joie de grimper, la joie de dévaler. La joie de danser, la joie d'être. La joie d'apprécier l'ici, le maintenant, le moment. Je me suis arrêtée et me suis retournée vers mon ami.

— Je pense que ça suffit, ai-je dit à Martin.

Pour une fois dans ma vie, je ne voulais pas atteindre un nouveau sommet. Je ne voulais pas relever le prochain grand défi. Je voulais arrêter. Je voulais respirer. Je voulais jouer.

Donc nous avons respiré.

Nous avons rempli nos poumons de l'air vif et froid de la montagne, alors que nous glissions et dérapions sur des plaques de glace. Nous avons regardé le plus haut point et avons ri. Nous n'avions pas besoin d'atteindre le sommet. Qu'avions-nous à prouver ? Nous avions tout, ici.

Ainsi, nous sommes redescendus.

Lentement, avec amour et avec envie, appréciant chaque étape comme si c'était la dernière. Cette fois-ci, nous ne nous sommes pas contentés de marcher, de marcher et de marcher. Nous avons dévalé, nous avons couru, nous avons sauté, nous avons même dansé et ri.

Les lagunes bleues sont devenues des gouttes d'ardoise. Les jolies couvertures blanches sont devenues de la neige tachée de boue. La lueur blanche éblouissante s'est dissoute dans une terre d'herbe verte.

Tout était tout simplement parfait.

Nous avons roulé dans notre descente finale et avons ri en nous rendant compte que, sur un terrain aussi vaste, nous avions retrouvé le chapeau bleu solitaire exactement là où il nous avait accueillis au départ. Nous nous sommes faufilés à travers une vieille grille de fer grinçante, et nous nous sommes assis sur un morceau de roche au bord d'un chemin.

Pour la première fois, je savais. Je savais que la prochaine grande chose, la prochaine meilleure chose, le prochain sommet de la

montagne serait toujours devant nous. Et j'ai compris à quel point j'avais perdu une partie de ma vie. À vouloir, à attendre, à lutter.
Peu importe la vue. Il y a toujours quelque chose à célébrer. Chaque couche de notre vie vaut la peine d'être vécue.
De retour de ce voyage, j'ai réfléchi à ma motivation, à mon ambition, à ma recherche constante de réussite. Et j'ai compris que cette recherche affectait, en fait, mon état de santé qui m'était devenu insoutenable. Sur ces vastes terres, de tout et de rien, je m'étais sentie plus énergique, plus libre et plus en mouvement que je ne l'avais été pendant ces six longues années. Pour la première fois, je me suis sentie vivante, comme touchée par une grande paix intérieure.
Les montagnes m'appelleront toujours. Des hauteurs plus élevées me tenteront toujours. Les nouveaux paysages m'aveugleront toujours. Pourtant, j'ai le choix. Le choix de sacrifier mon présent pour un avenir qui ne viendra peut-être jamais. Ou pour embrasser avec amour ce même présent. D'ailleurs, ne dit-on pas que le présent est la chose la plus précieuse que nous possédions ?

Notre mental nous amène sans cesse à gravir des montagnes, à nous fixer des objectifs, à franchir des étapes… Nous soumettant inévitablement à la contrainte du temps. Dans son ouvrage de référence *Le Pouvoir du moment présent*[15], Eckhart Tolle nous indique pourtant que le temps n'est qu'illusion. Il écrit : « La vie, c'est maintenant. Il n'y a jamais eu un moment où votre vie ne se déroulait pas maintenant, et il n'y en aura d'ailleurs jamais. » Et, telle une énigme du Père Fouras, il écrit : « Rien ne s'est jamais produit dans le passé ; cela s'est produit dans le présent. Rien ne se produira jamais dans le futur ; cela se produira dans le présent. » En nous concentrant sur le présent, il apparaît qu'au fil de la lecture chaque mot déchiffré fait déjà partie du passé, tandis que le mot à venir fait partie du futur. À l'échelle de

15. J'ai lu, 2010.

la vie, la subtilité est la même. En faisant cet exercice, nous révélons petit à petit ce qui est vérité : le présent. En captant l'instant, nous pouvons vivre nos émotions, nos sensations et écouter nos pensées du moment : ce qui est là, non pas ce qui est déjà passé ou ce qui n'est pas encore arrivé.

Je suis souvent rattrapée par le flux continu de la vie et des objectifs que je me fixe. Il m'arrive de ressentir une suffocation, comme si une main pressait mon dos pour me faire avancer de plus en plus vite vers une direction que je ne peux plus choisir, comme si je perdais la maîtrise ou que je n'étais plus moi-même au volant. Je sais, à présent, que la porte de sortie se nomme « maintenant ». Et, quand je presse sur le bouton « pause », lorsque je fais un pas de côté, alors la pression diminue, et je peux enfin être moi-même. Dévaler la montagne, courir, chanter et rire..., être créative, ouverte et passionnée !

PRESSEZ SUR LE BOUTON « PAUSE »

QUELS SOMMETS POUVEZ-VOUS CONTEMPLER SANS ÊTRE OBLIGÉ DE LES GRAVIR ?

DANS QUELLES CIRCONSTANCES AVEZ-VOUS BESOIN DE PRESSER SUR LE BOUTON « PAUSE » DANS VOTRE VIE ?

DÉVALER, COURIR, CHANTER, RIRE… QUEL VA ÊTRE VOTRE STYLE ?

VISUALISEZ-VOUS !

Faire confiance au temps

LE TALENT A TOUJOURS ÉTÉ LÀ.
Nous, nous ne faisons, à travers le temps,
QU'AMENER L'ÉLÈVE À L'EXPRIMER PLEINEMENT.

Citation des maîtres zen

Le témoignage suivant de Sergio, étudiant de dernière année en école de cinéma, illustre ce que nous découvrons lorsque nous voulons progresser rapidement et que nous sommes impatients :

> J'étais assis à ma place dans un atelier d'initiation à la calligraphie lorsqu'un participant a demandé au professeur :
> — De quoi ai-je besoin pour devenir calligraphe professionnel ? Que me faudrait-il ?
> Nous étions tous sur le bord de nos sièges, attendant la réponse comme si nous étions sur le point de découvrir le secret de la vie éternelle. La réponse du professeur nous a tous surpris :
> — Les matériaux ne sont pas différents de ceux d'un calligraphe novice, nous a-t-il expliqué. La distinction entre un calligraphe novice et le professionnel ne réside pas dans les outils qu'ils utilisent, mais plutôt dans l'engagement du professionnel à pratiquer, dans son rythme et dans le temps qu'il lui a fallu pour apprendre et produire une calligraphie parfaite. Finalement, il en va de même pour tout professionnel dans son métier, non ?
> En entendant ces phrases, je me suis alors souvenu d'une époque où j'étais sur un bateau de croisière en Méditerranée.

Il y avait tous ces touristes avec d'énormes objectifs et autres gadgets pour leurs appareils photo. J'étais incroyablement impressionné et même intimidé par leur équipement, car, à l'époque, je tenais du bout de ma main droite mon simple iPhone 4 pour prendre une rapide photo du paysage qui s'offrait à moi.

Après un certain temps à bord, vous apprenez à mieux connaître les autres passagers. Je me suis rendu compte qu'en dépit de leurs objectifs haut de gamme, pratiquement tous leurs appareils étaient réglés en mode « automatique ». Je m'entends encore bougonner : « À quoi sert un matériel aussi avancé, lorsque vous ne savez pas comment l'utiliser ? » Tous ces amateurs étaient passés de 0 à 100 sans pratique, sans compétences acquises, seulement des appareils plus sophistiqués.

Cette leçon sur le calligraphe professionnel et ce souvenir de vacances m'ont toujours intrigué. Quand nous regardons l'expert, nous supposons que l'augmentation de la qualité des matériaux ou l'accès à des ressources plus particulières sont ce qui les rend excellents. Cette hypothèse ne tient pas compte du temps qu'il leur a fallu pour apprendre quelque chose de nouveau, pour se perfectionner par la pratique afin d'atteindre leur objectif.

Au lieu de cela, nous voulons sans cesse créer des raccourcis. Nous voulons progresser le plus rapidement possible, peut-être parce que nous nous sentons en retard dans la vie et pensons que nous devons nous dépêcher pour avancer, ou parce que nous pensons que nous serons plus heureux lorsque nous atteindrons ce fameux objectif. Or la vie m'a enseigné que créer des raccourcis n'a pas toujours été une stratégie profitable.

Nous sommes tellement attachés à obtenir des retours positifs et l'acceptation des autres que nous nous empêchons de prendre le temps de vivre quelque chose par nous-mêmes et de manière approfondie, simplement parce que nous apprécions cette discipline ou que nous sommes curieux. Juste parce que.

Cette dernière année, j'ai travaillé avec ma sœur pour réfléchir à de nouvelles opportunités de carrière. Mon objectif actuel est de devenir cinéaste indépendant. Je me suis rapidement retrouvé à approcher l'état d'esprit de l'étudiant en calligraphie : que me faudrait-il pour faire les meilleurs films, pour être un grand cinéaste ? Moi aussi, je voulais trouver un passage secret, une voie directe pour atteindre mon objectif. Dois-je avoir une certaine marque de caméra, un kit d'éclairage, un micro ou une compétence qui me mèneraient au succès ?

Après avoir exploré profondément les blogs des cinéastes et visionné des vidéos en ligne sur la réalisation de films, je me suis rendu compte que j'avais tout ce dont j'avais besoin pour atteindre mon objectif. Il n'y avait pas de passage secret vers la réalisation de films.

Ça allait juste prendre du temps.

Il était temps pour moi d'en savoir plus sur les outils dont je disposais déjà.

Il était temps de prendre ma caméra et de m'entraîner à réaliser des interviews.

Il était temps d'utiliser un stylo et du papier pour écrire des idées de script.

Il était temps de faire de mauvaises vidéos pour que la prochaine fois je puisse faire une meilleure vidéo.

Il était temps de réaliser des efforts répétés, de plonger dans la pratique continue, et éventuellement de parvenir à l'amélioration.

J'ai perdu du temps à chercher une solution miracle au lieu de prendre du temps. J'ai perdu de l'énergie – et, par moments, ma motivation – à la recherche du Graal. Je voulais aller vite plutôt que loin, au risque de me priver du plaisir, de l'excitation et des apprentissages.

J'ai appris qu'il valait mieux être dans l'équipe de la tortue, lent et régulier, que dans celle du lièvre !

Aller loin. Aller plus loin. Prendre le temps de devenir le meilleur de soi-même.

Ce témoignage résonne parfaitement avec cette citation du célèbre moine bouddhiste vietnamien militant pour la paix, Thích Nhất Hạnh : « Va lentement. Ne te hâte pas. Chaque pas t'amène au meilleur instant de ta vie : l'instant présent », et me rappelle mes comportements du passé.
Pendant la première partie de ma carrière dans le développement informatique, j'avais pour habitude de répondre aux sollicitations de mes supérieurs avec hâte. Un jour, certainement après avoir lu un éloge inspirant consacré à la lenteur, j'ai fait une expérience. J'ai décidé d'attendre une heure pleine avant de commencer à me mettre à la tâche dès lors qu'il s'agissait de sujets complètement nouveaux ou pour lesquels j'avais des doutes. Pour la majorité des travaux demandés, j'ai remarqué que la demande initiale était souvent reprise, modifiée, voire annulée dans ce laps de temps. Entre-temps, mes supérieurs avaient certainement eu le temps de réfléchir aux tenants et aboutissants de leurs demandes, ou ils avaient pris le temps d'analyser les impacts avec plus de discernement. Bien sûr, seuls les plus courageux et les moins orgueilleux d'entre eux revenaient sur leurs décisions. Malheureusement, ce n'était pas la majorité, et je me retrouvais quand même souvent avec des tâches incohérentes à réaliser jusqu'au bout, représentant un gâchis non négligeable pour la société.

Aujourd'hui, de l'autre côté de la scène, je m'efforce d'éviter la précipitation, même si, quelquefois, lorsque le stress me rattrape, je m'emballe ! Il en va de même pour les activités qui me concernent plus personnellement. Tout réside à nouveau dans l'équilibre *juste* à placer entre « avance rapide » et « pause » !

TROUVEZ LE JUSTE ÉQUILIBRE

- DANS VOTRE VIE, ÊTES-VOUS PLUTÔT LIÈVRE OU TORTUE ? DANS QUELS DOMAINES ? IMAGINEZ UN COMPTEUR DE VITESSE : OÙ SE SITUE L'AIGUILLE DANS CE DOMAINE ?

- EST-CE QUE LA VITESSE EST JUSTE ? QUELLES ACTIONS OU QUELS COMPORTEMENTS POUVEZ-VOUS METTRE EN ŒUVRE POUR FAIRE MONTER OU DESCENDRE L'AIGUILLE DU COMPTEUR ?

DOMAINES / LIÈVRE OU TORTUE ?	AMOUR	AMITIÉ	FAMILLE	TRAVAIL	PROJETS PERSONNELS		
LIÈVRE							
TORTUE							

Négocier avec le temps

Nous négocions tout dans la vie. Nous bradons notre énergie au profit d'activités parfois superflues. Aussitôt acquis, l'argent que nous avons si durement gagné est dépensé. Nous jonglons chaque jour avec notre emploi du temps à la recherche de créneaux disponibles. Il nous arrive même de devoir sacrifier l'attention que nos proches nous demandent.

Nous traversons la vie en mouvement constant, sans jamais nous arrêter pour réfléchir à l'endroit où ce mouvement nous mène. Est-ce que les négociations que nous faisons quotidiennement nous permettent de vivre une vie meilleure ? Est-ce que ces négociations nous permettent de dégager plus de temps à passer avec les personnes qui nous tiennent à cœur ? Est-ce que nous pouvons nous présenter à ces dernières en étant pleinement attentifs, engagés, énergiques et enthousiastes ? Ou bien sommes-nous fatigués, distraits et frustrés ?

La troisième histoire de temps traite de notre rapport au temps et de notre capacité à négocier avec celui-ci. Voici ce que Mylène, consultante experte en communication et marketing, à son compte depuis quinze ans, a vécu :

> Au fil des années, je me suis rendu compte que des négociations incessantes me pesaient physiquement, mentalement et émotionnellement.
>
> Comme beaucoup d'entre nous, j'ai passé une partie de ma vie à poursuivre le rêve typique d'une carrière en entreprise. Vous connaissez le truc : plus d'argent, plus de responsabilités, un titre accrocheur, plus de reconnaissances et de félicitations, un beau bureau avec vue...
>
> Pourtant, une chose intéressante s'est produite pour moi en cours de route. À chaque nouvelle augmentation de salaire, il y avait toujours quelqu'un qui gagnait plus que moi. Chaque nouveau

titre devenait obsolète rapidement. Les nouvelles responsabilités s'accompagnaient systématiquement de plus de maux de tête, et souvent de plus de politique. Ce dernier point devenait pesant, car j'ai une faible tolérance pour cet aspect. Bref, pendant longtemps, ma progression professionnelle n'était pas vraiment une progression à mes yeux. J'ai toujours eu l'impression de me heurter à un plafond de verre.

J'ai pris conscience de ces sentiments désagréables, et j'ai voulu les comprendre, donc j'ai décidé de mener une réflexion personnelle et une introspection. J'en suis venue à me rendre compte que je ressentais cela parce que je poursuivais des choses que je pensais devoir chasser, plutôt que des choses que je voulais vraiment poursuivre. Devoir chasser une promotion *versus* vouloir poursuivre sa voie – une distinction simple, mais puissante.

Le travail en entreprise, l'agitation et le *réseautage* pour atteindre le sommet décrivaient un chemin bien établi, mais j'avais le sentiment qu'il s'agissait du chemin de quelqu'un d'autre. Cela ne me convenait jamais vraiment. Et plus j'essayais de m'intégrer dans cette machine, plus je comprenais que je cherchais autre chose. Plus que cela, j'avais *besoin* d'autre chose. Ce modèle ne me convenait plus.

Alors, dans les belles histoires, je vous aurais raconté que j'ai décidé de poursuivre mes rêves et de vivre de ma passion. Eh bien non, pas exactement...

J'ai pris la décision de devenir mon propre patron. Ainsi, je n'avais plus à attendre des années pour passer *directrice*. J'étais maintenant le capitaine de mon propre navire. Heureusement, j'ai des compétences et une expérience que le marché trouve précieuses et qui me permettent de gagner ma vie dans la durée. À présent, cela fait quinze ans que mon navire flotte en pleine mer.

Cette fameuse décision de devenir mon propre patron n'a pas été sans obstacle. J'ai eu des périodes très stériles où j'ai même failli reprendre les petites annonces. J'ai aussi eu des périodes fastes, remplies de travail enrichissant, de clients motivants et de belles factures.

Est-ce que mon travail actuel est *le* travail de mes rêves ? Non. Il pourrait exister d'autres façons potentiellement plus amusantes et plus passionnantes de gagner ma vie. Savoir que vous devez trouver vos clients et vos propres missions mobilise votre temps et votre énergie. Cela constitue une bonne dose de risques, par les temps qui courent, donc ce n'est certainement pas pour tout le monde. Vous avez également besoin d'une peau épaisse pour travailler ainsi.

Cependant, mon travail me donne un degré de liberté et de flexibilité que j'apprécie beaucoup. J'organise mon temps, et je peux ainsi décider de décoller et de voyager pendant de longues périodes, par exemple. Dans la limite du raisonnable, je décide du travail auquel je dis *oui*. Je n'ai plus le devoir d'être au bureau pour faire bonne figure ou pour me présenter à la pointeuse. Je peux travailler de chez moi, dans un café ou ailleurs. Mon rendement est mesuré, mais pas la fréquence à laquelle les gens me voient, au bureau.

La liberté et la flexibilité sont particulièrement importantes pour moi. Plus que les titres et les beaux bureaux lumineux du haut de la tour.

Mon activité professionnelle me fournit un défi intellectuel que j'apprécie. J'y côtoie des personnes très cool, j'apprends beaucoup, et j'apporte des changements significatifs.

Il peut aussi y avoir des écarts entre les clients et les projets, mais, lorsque je suis engagée, je gagne bien ma vie. Cela me permet de m'offrir les aventures et les voyages que j'aime. Cela me suffit donc, tout en facturant mes services à un prix raisonnable.

Ce que je veux dire, c'est que je connais mes négociations intérieures : gagner assez ma vie pour m'offrir ces moments de liberté et de flexibilité. Si cet équilibre change, un jour, je devrai élaborer un nouveau plan.

Pour moi, il était donc important de créer ma propre entreprise et de prendre mes responsabilités loin des tumultes des entreprises dans lesquelles j'ai fait mes armes. Je sais que ce n'est pas forcément ce dont tout le monde a besoin. Trouver son équilibre et négocier son temps peut prendre tellement de formes différentes.

Prendre conscience des négociations que nous faisons dans la vie est sans aucun doute une étape importante dans notre recherche du mieux-être. Savoir où nous dépensons notre énergie et notre temps, où nous devons faire des efforts est donc la première étape. C'est un prisme puissant à travers lequel nous pouvons voir objectivement tout ce que nous faisons.

NÉGOCIEZ AVEC LE TEMPS

Gardez vos négociations intérieures au centre de vos préoccupations, en vous posant les questions simples suivantes :

- VOS NÉGOCIATIONS VALENT-ELLES L'ÉNERGIE, LE TEMPS, L'EFFORT ET L'ARGENT QUE VOUS Y CONSACREZ ? QUEL EN SERA VOTRE RETOUR SUR INVESTISSEMENT ?

- VOS NÉGOCIATIONS ACTUELLES VOUS AIDENT-ELLES À VOUS RAPPROCHER DE VOS OBJECTIFS, DE VOS RÊVES ?

- LE TEMPS QUE VOUS UTILISEZ DANS VOTRE VIE PROFESSIONNELLE EST-IL BÉNÉFIQUE POUR VOS RELATIONS ? ÊTES-VOUS PRÉSENT ET DISPONIBLE POUR LES PERSONNES QUI VOUS TIENNENT À CŒUR ?

- VOTRE ACTIVITÉ PROFESSIONNELLE VOUS MET-ELLE SOUS TENSION ?

- VOTRE ACTIVITÉ PROFESSIONNELLE EST-ELLE EN ACCORD AVEC VOS VALEURS FONDAMENTALES ET AVEC VOTRE CODE MORAL ?

- VOTRE ACTIVITÉ PROFESSIONNELLE VOUS DONNE-T-ELLE LES MEILLEURES CHANCES DE VIVRE UNE BELLE VIE ?

Le temps est un paradoxe. D'un côté, nous avons pris conscience de l'intérêt de commencer dès aujourd'hui, et d'autre part nous venons de voir que nous devons faire confiance au temps et éviter de nous précipiter. L'envol n'est possible que si un équilibre juste existe. Décoller, voir ce qu'il se passe en vol, s'accorder une vitesse de croisière variable et adaptée au moment de notre vie, en pleine conscience.

MON PASSE-TEMPS FAVORI, C'EST LAISSER PASSER LE TEMPS,
avoir du temps, prendre son temps,
PERDRE SON TEMPS, VIVRE À CONTRETEMPS.

Françoise Sagan

Redécouvrir son moi authentique

LES RÊVES FOURNISSENT LA NOURRITURE DE L'ÂME.
Celui qui ne cherche pas à réaliser son rêve
SUICIDE SON ÂME.

Antoine de Saint-Exupéry

La plupart des idées reçues sur la croissance personnelle se concentrent sur les nombreuses choses que nous devons *ajouter* à nous-mêmes : intégrer de nouvelles notions de développement personnel, répéter des affirmations positives pour augmenter notre capacité à gagner la guerre contre nos pensées négatives, manger les bons aliments pour préparer notre corps et notre cerveau… Cependant, la croissance personnelle ne vient pas seulement de ces ajouts à nous-mêmes. Elle vient aussi, et surtout, de toutes ces couches accumulées au cours de notre vie, dont il nous faut nous débarrasser. En d'autres termes, il s'agit bien plus de *soustraire* que d'*ajouter*.

« De nombreux sages ont dit que la croissance personnelle ne consiste pas à ajouter de nouvelles couches à qui nous sommes. »
« La façon la plus efficace d'élargir notre conscience consiste ainsi à faire tomber nos limites mentales. »
« Nous sommes alors en mesure d'explorer et d'appréhender plus librement la réalité. »

Ces trois phrases peuvent paraître banales, voire totalement anodines, pourtant elles sont la clé de notre cheminement spirituel, à savoir le déconditionnement. Imaginons-nous un instant être un oignon que l'on pèle progressivement, faisant tomber les couches d'identité que nous nous sommes créées au fil du temps et que nous croyons constituer notre moi. Ces pelures peuvent être nombreuses, par exemple : notre éducation, notre statut familial, notre profession, nos relations sociales, nos croyances, nos convictions...

Que reste-t-il au-delà des couches de notre oignon personnel ?

En ôtant toutes les couches de notre oignon, nous allons (re)découvrir notre moi le plus vrai et le plus profond : notre moi *authentique*. Il (ré)apparaît enfin au grand jour, lumineux, dans sa pureté originelle, libéré de tous les résidus du passé. Alors seulement, nous pouvons appréhender la réalité du monde, directement, sans filtre. C'est la meilleure connexion qui soit !

Dans *The Acorn Principle: Know Yourself, Grow Yourself* de Jim Cathcart[16], l'auteur affirme que « le succès et le bonheur n'arrivent pas en se changeant soi-même, mais plutôt en découvrant ses talents et ses capacités naturelles et en alignant sa vie en conséquence ».

À notre naissance, nous sommes en contact total avec qui nous sommes – nos besoins et nos sentiments. En tant qu'enfants, nous gravitons naturellement vers des choses qui nous plaisent ou suscitent notre curiosité. Mais, en vieillissant, on nous apprend que certains aspects de notre comportement sont inacceptables et

16. Éd. St. Martin's Griffin, 1999.

que, si nous voulons être aimés, nous allons devoir faire attention. Nous abandonnons nos espoirs et nos rêves pour nous adapter. Cette socialisation peut se poursuivre tout au long de notre vie, à moins que nous ne nous levions pour nous-mêmes, et que nous cherchions activement à rallumer notre petite flamme presque éteinte.

Ceux d'entre nous qui ont poursuivi sur la voie de la créativité et de la passion ont réussi à rester en contact avec leur authenticité, dans une certaine mesure. Mais personne n'y échappe entièrement ; cela fait partie de la condition humaine. Une composante importante de la croissance personnelle consiste à se découvrir à nouveau. Ainsi, la poursuite de la reconnexion avec notre *moi authentique* peut nous conduire à une vie plus agréable pour nous, avec moins de douleurs et de luttes, et de nouvelles profondeurs pour notre créativité.

Où retrouver son *moi authentique* ?

Notre moi authentique ne nous est pas étranger. Il a toujours été là, comme submergé par des couches de protection et de conditionnement. Alors éliminons progressivement ces couches, et retrouvons le trésor enfoui au plus profond de nous !
Voici quelques idées de questionnement pour vous permettre de toucher à nouveau à votre moi authentique.

TOUCHEZ À NOUVEAU VOTRE MOI AUTHENTIQUE

Qu'aimiez-vous faire quand vous étiez enfant ?

Si vous ne vous en souvenez pas, demandez à vos parents, grands-parents, frères et sœurs, tantes et oncles – à toute personne qui vous a connu enfant. Regardez de vieilles photos ou, si vous en avez, des vidéos ou des films. Et, pourquoi pas, déterrez d'anciens journaux intimes…

___

___

___

___

Quelles sont vos valeurs ?
Qu'est-ce qui compte vraiment pour vous ?

Regardez attentivement chaque élément identifié précédemment comme une valeur fondamentale.

- D'OÙ VIENT CETTE VALEUR ?
- SI VOUS L'AVEZ APPRISE DE VOS PARENTS, DE L'ÉCOLE, OU DE TOUTE AUTRE FIGURE D'AUTORITÉ, L'ADULTE QUE VOUS ÊTES AUJOURD'HUI CHOISIRAIT-IL SPONTANÉMENT CETTE VALEUR ? SI TEL EST LE CAS, REFORMULEZ VOTRE PERCEPTION DE CETTE VALEUR DE FAÇON À VOUS L'APPROPRIER. SI NON, PAR QUELLE VALEUR PLUS SIGNIFICATIVE POUR VOUS AUJOURD'HUI VOUDRIEZ-VOUS LA REMPLACER ? SI TEL EST LE CAS, REFORMULEZ

L'ÉLÉMENT DE MANIÈRE À VOUS L'APPROPRIER. SINON, REMPLACEZ-LE PAR QUELQUE CHOSE DE SIGNIFICATIF POUR VOUS, MAINTENANT.

VALEUR					
ORIGINE DE CETTE VALEUR					
VALEURS COMPLÉMENTAIRES ET/OU DE REMPLACEMENT					

Qu'est-ce qui est amusant pour vous, maintenant ? Qu'aimeriez-vous faire ? Que souhaitez-vous éviter parce que vous ne pensez pas que vous seriez très bon dans ce domaine, ou parce que vous avez peur de ce que les gens vont dire ?

Prenez un instant pour noter ce que vous aimeriez réaliser et concrétiser en faisant fi de toutes les limites existantes. Décrivez les activités qui vous animent et qui vous font vibrer. Quelles sont les activités que vous vous refusez, par manque de compétence ou par peur du qu'en dira-t-on ?

Quels sujets vous attirent ?

Si vous deviez vous abonner à un tas de magazines ou de podcasts, lesquels choisiriez-vous ? Vous pouvez chercher de l'inspiration en parcourant le Web et voir lesquels vous intéressent.

Que faites-vous parce que vous savez que cela plaira aux autres ? Comment changeriez-vous cela, si vous n'aviez qu'à vous faire plaisir à vous-même ?

Cela peut être difficile, car, après de nombreuses années à sacrifier vos propres désirs pour ceux des parents, des conjoints, des amis..., vos propres désirs peuvent être un lointain souvenir. Si tel est le cas, soyez patient avec vous-même, et continuez à chercher.

CE QUE JE FAIS POUR FAIRE PLAISIR AUX AUTRES

CE QUE JE FERAIS SI JE NE DEVAIS FAIRE PLAISIR QU'À MOI-MÊME

RAPPELEZ-VOUS LA MÉTAPHORE DE L'OIGNON, ET CONTINUEZ À PELER LE VÔTRE !

Les messages du corps

Soyez conscient de votre corps. Quels messages vous transmet-il ? Quelles activités permettent à votre corps de se sentir détendu et ouvert ? Lesquelles vous rendent tendu ou inconfortable ? Comment pouvez-vous arrêter ou modifier le stimulus qui cause votre stress ?

C'est comme manger de la nourriture qui ne vous convient pas. La prise d'un antiacide peut gérer les symptômes pendant un certain temps, mais, si vous continuez à ingérer l'irritant, le problème va se reproduire. De même, si vous détestez votre travail, rester dans un bain d'aromathérapie chaud avec une musique douce et une lumière rose tout le week-end ne vous empêchera pas de vous sentir à nouveau démotivé le lundi à 9 heures.
La reconnexion avec votre *moi authentique* sera un long processus qui se déroulera étape par étape ; alors soyez patient avec vous-même. Profitez de ce temps d'exploration. Savourez chaque nouvelle vision en gardant à l'esprit qu'il ne s'agit pas uniquement de travail.

Même si ce que vous découvrez sur vous-même peut vous mener à une nouvelle carrière, ce n'est pas systématique, et certainement pas suffisant pour vous épanouir véritablement. Il s'agit plutôt de prendre du temps pour les choses qui nourrissent votre âme – que ce soit la musique, l'art, le sport, la lecture, le bricolage, le tricot, les cours de langue, le jardinage, l'accompagnement d'un enfant en difficulté ou le bénévolat pour votre œuvre caritative préférée... Les possibilités sont innombrables.

Se reconnecter à ses rêves

Jetez, à présent, un autre regard sur vos rêves d'enfant. Même si vous ne souhaitez pas forcément avoir les mêmes activités que celles qui vous attiraient pendant votre enfance ou votre adolescence, vos rêves d'enfant constituent de bons indices. L'invitation, ici, consiste à extraire l'essence de cette passion enfouie et à lui donner une nouvelle forme.
Par exemple, et de manière caricaturale, si vous étiez connu pour démonter vos jouets, être mécanicien ou construire des systèmes pourrait être très amusant pour vous maintenant. Si vous êtes diplômé d'une école de théâtre, mais que vous n'avez jamais eu le culot de poursuivre une carrière professionnelle, rejoindre un théâtre communautaire pourrait être un passe-temps très gratifiant.

Examiner ce qui nous convient le mieux

Commencez à être conscient de vos meilleurs modes de fonctionnement. Êtes-vous une personne du matin ou un oiseau de nuit ? Pouvez-vous adapter votre emploi du temps en conséquence ? Vous aimez travailler seul ou en équipe ? Préférez-vous un environnement calme ou un environnement actif et animé ? Ou un environnement qui va à 100 à l'heure ? Lorsque vous êtes un lièvre dans un monde de tortues, il peut, en effet, être difficile de ralentir sans devenir suspect. Une partie de la redécouverte de votre *moi authentique* consiste à valoriser vos besoins et vos préférences, et à les honorer.

Se regarder différemment

Plutôt que de faire vos activités habituelles, arrêtez-vous et évaluez ce pour quoi vous les faites. Cette activité vous nourrit-elle encore ? Est-ce quelque chose que vous faites uniquement parce que votre conjoint·e le souhaite ? Y a-t-il une autre façon de passer du temps ensemble, que vous pourriez apprécier tous les deux également ? Y a-t-il autre chose que vous pourriez faire qui serait plus agréable et bénéfique ?

Nos besoins et nos préférences changent avec le temps, et il est utile de réévaluer périodiquement les choses que nous incluons dans notre vie.

Au fur et à mesure que nous entrons en contact avec ce qui est vraiment significatif pour nous, nous commençons à lui faire une place dans notre vie. Aussi, en repensant nos priorités, prenons le temps de faire des choses agréables pour nous-mêmes, qui ont du sens et qui nous nourrissent. Il est alors question de décider d'éliminer ce que nous entreprenons, uniquement parce que nous pensons que nous le devons. Certes, nous avons des responsabilités envers nous-mêmes et notre famille. Un grand nombre de ces obligations a tendance à s'imposer.

Cependant, une partie d'entre elles peut être négociée avec nos proches. De prime abord, cette négociation peut paraître effrayante à déclencher. Nous avons tendance à croire que les autres s'attendent à certains comportements de notre part. Après tout, nous les avons habitués à cela depuis tant d'années. Ainsi, il n'est pas rare de rencontrer une certaine résistance de leur part.
La clé de l'acceptation réciproque se cache souvent dans le partage. En communiquant aux autres nos découvertes, ceux-ci se sentiront inclus dans notre aventure. Ils souhaiteront peut-être même nous rejoindre dans cette dynamique et apporter des changements pour eux-mêmes !

Authenticité rime avec *créativité*

Lorsque vous êtes confronté à un défi – à la maison ou au travail –, au lieu de recourir à vos options habituelles, pourquoi ne pas réfléchir à de nouvelles possibilités ? Comment la personne que vous êtes maintenant, ou la personne que vous voulez être, gérerait-elle cela ? Incluez des options qui semblent extravagantes et repoussez les limites de votre pensée habituelle.

Si vous êtes dans les arts, comment pouvez-vous aborder votre travail d'une manière nouvelle et fraîche ? Si vous êtes dans les métiers de service, vous pouvez avoir des méthodes de travail habituelles qui vous limitent. Essayez quelque chose de nouveau. Vous ne pourrez peut-être pas vous y tenir, mais cela peut vous ouvrir de nouvelles voies d'expression. Essayez un média différent, un style différent, une approche différente.

Trouver son *moi authentique* est une quête à vie et ne s'obtient jamais à 100 %. Toutefois, les idées que nous aurons en chemin et les petits bonheurs que nous déclencherons valent bien la poursuite. Nous sommes, chacun, des êtres uniques. Et plus nous pourrons découvrir notre authenticité, plus nous apporterons notre contribution spéciale au monde et nous sentirons vraiment bien dans notre vie.

Quand nos rêves rencontrent la réalité

I BELIEVE IN ANGELS
Something good in everything I see
I BELIEVE IN ANGELS
WHEN I KNOW THE TIME IS RIGHT FOR ME
I'll cross the stream, I have a dream[17]

ABBA, « I Have a Dream »

« Suivez vos rêves » est un mantra courant, de nos jours. Ceux d'entre nous, en particulier dans le monde occidental, qui ont assez répondu à leurs besoins fondamentaux ont le luxe de poursuivre l'autoactualisation, de *trouver leur bonheur*. Jusqu'à un certain point ! Nous devons encore payer le loyer et mettre de la nourriture dans les assiettes, parfois pour les autres ainsi que pour nous-mêmes ; et notre niveau de vie, de nos jours, peut devenir un véritable casse-tête.

17. « Je crois aux anges / Quelque chose de bon dans tout ce que je vois / Je crois aux anges / Quand je sais que le moment est venu pour moi / Je traverserai le ruisseau, j'ai un rêve. »

Les rêves sont grands. C'est amusant de fantasmer sur qui nous pouvons être. Ces rêves sont les graines qui mènent aux réalités que nous créons. Mais combien d'entre nous ont rêvé, enfant ou adolescent, de voir le toit de la maison exploser lorsqu'ils ont annoncé à leurs parents leurs choix de vie ou de carrière ?
Quand il s'agit de rêver ou de *devenir réel*, nous avons tendance à penser aux extrêmes. Vous connaissez l'image typique du *rêveur* dont les rêves sont tous des fantasmes qui restent dans sa tête. Il imagine toutes les grandes choses qu'il va faire, mais il ne semble jamais pouvoir y accéder. L'opposé est le *réaliste* qui s'inquiète constamment des finances et des catastrophes imminentes, et qui n'a pas le temps de poursuivre quoi que ce soit juste pour le plaisir.

Garder nos fantasmes dans notre tête peut être agréable et nous permettre de longues heures de rêverie, sans pour autant les transformer. De l'autre côté, garder un état d'esprit trop réaliste peut rendre notre existence taciturne et monotone, et nous empêcher de franchir le cap.

Il y a des rêves qui sont censés rester des fantasmes

Enfant, vous souhaitiez peut-être être astronaute, vétérinaire, pompier, inventeur, star du football ou président. C'est un processus naturel qui, même s'il a été déterminé par l'environnement dans lequel vous baigniez, a influencé une part de votre personnalité d'adulte. Par exemple, le désir de devenir maîtresse peut se traduire par la volonté de partager et de transmettre, mais également une certaine position d'autorité. Souhaiter devenir pompier peut révéler un besoin de se rassurer sur la possibilité d'agir contre ce qu'il peut advenir de mauvais et d'avoir le pouvoir de le réparer. Vouloir embrasser une carrière de sportif de haut niveau révélerait des capacités de dépassement de soi et de force physique comme mentale, et une certaine envie narcissique d'être reconnu.

À l'adolescence, vous aviez certainement les rêves typiques de cette période compliquée : « *Ils verront bien quand je serai célèbre.* » Ces rêves servent leur but en nous réconfortant pendant une période de vie très difficile. Mais la plupart d'entre eux ne sont pas destinés à être concrétisés. Certes, certaines personnes deviennent vraiment des stars, riches et célèbres, mais la plupart d'entre nous ne le deviennent pas.

Qu'en est-il des vrais rêves – ceux qui font encore chanter notre cœur, ceux auxquels nous souhaitons donner vie sous une forme ou une autre ? Souvent, nous sommes arrêtés par les considérations pratiques de notre existence quotidienne. *Comment puis-je abandonner ma pratique du droit et ouvrir une boutique d'artisanat en ayant trois enfants qui rentrent au lycée ? Comment puis-je devenir astronaute alors que je ne peux même pas aller au gymnase deux fois par semaine ?*

La poursuite de nos rêves est un acte d'équilibre

Bien que certaines personnes abandonnent leur emploi lucratif pour vivre une existence simplifiée, cela ne doit pas être tout ou rien. Peut-être que nous commencerons à vivre des morceaux de nos rêves comme loisir ou comme travail d'appoint ? À mesure que nos compétences et nos revenus augmentent avec les années, nous pouvons choisir de faire de notre passe-temps un emploi à temps plein. Ou cela peut arriver lorsque nous prenons notre retraite. Si vous êtes sur le point de terminer vos études et que vous êtes en train de choisir une carrière, donner le contrôle à vos rêves peut signifier prendre un emploi chez McDo pendant que vous vous entraînez à tourner des vidéos le week-end.

Malgré le mythe du succès du jour au lendemain, la plupart des rêves sont réalisés lentement, avec régularité et pas à pas, à travers de petites étapes cohérentes. Tout ne doit pas se produire demain. Faites un plan à long terme qui comprenne des étapes et des objectifs à court terme atteignables. Regardez où vous voulez aller, et travaillez en arrière-plan pour tracer les étapes qui vous mèneront d'ici *vers* là. Ensuite, passez à l'étape 1. Pendant que vous faites cela, assurez-vous

que vos besoins financiers sont suffisants. Il est difficile de mettre de l'énergie pour créer votre rêve, lorsque vous avez peur de vous faire expulser parce que vous n'avez pas payé le loyer depuis trois mois. Une partie de votre plan à long terme peut consister, par exemple, à commencer à mettre régulièrement de l'argent de côté pour que, le moment venu, lorsque les enfants obtiendront leurs diplômes universitaires, vous puissiez quitter votre emploi en entreprise bien rémunéré et ouvrir cette boutique d'artisanat.
Et si votre rêve n'est tout simplement pas physiquement possible – comme devenir danseur de ballet à l'âge de 40 ans –, vous pouvez toujours suivre un cours au studio de danse local ou aller à des spectacles. Votre rêve de devenir astronaute pourrait évoluer vers une étude de l'astronomie, de l'aéronautique ou de la cosmologie, ou peut-être réaliser ou jouer comme figurant dans des films comme *Apollo 13*.

Un mot d'avertissement. Si vous partagez votre rêve avec quelqu'un, et qu'il veut vous donner *sa dose de réalité,* prenez cela avec des pincettes. Votre entourage peut avoir peur que vous soyez blessé ou déçu. Il peut aussi être jaloux que vous ayez eu le courage de poursuivre votre rêve. De toute évidence, il ressent le besoin de vous dire ce qu'il pense de vos aspirations et de leurs conséquences, mais rappelez-vous que personne ne peut prédire l'avenir d'autrui.

Nous devons sans cesse garder un œil sur le rêve et la réalité en même temps. Comme une montgolfière, s'il y a trop d'air chaud, elle flottera trop haut dans le ciel ; et si le ballast est trop lourd, elle ne décollera jamais. Il nous faut, ainsi, trouver le subtil dosage pour voler au bon niveau.
N'oublions pas que nos rêves sont des indicateurs de notre identité authentique. Nous sommes censés les poursuivre sous une forme ou une autre. Bien que nous ne voulions pas que cela se fasse au détriment de nos responsabilités envers nous-mêmes et les autres, trouvons l'équilibre et le rythme approprié pour, enfin, les réaliser !

Poursuivre ses rêves, même s'ils semblent lointains

J'ai rencontré Séverine qui m'a raconté comment ses rêves lui permettent de garder le cap, même dans les moments les plus pénibles.

> J'avais besoin d'un peu d'argent supplémentaire, le mois dernier, alors j'ai pris un job d'appoint en travaillant dans l'événementiel. J'avais déjà effectué ce genre de travail, donc je n'ai pas eu beaucoup à réfléchir. Je savais juste que j'avais besoin d'un peu d'argent, je connaissais les tâches à réaliser et, par chance, j'ai trouvé un contrat court qui collait avec mon emploi du temps. Cela semblait parfait !
>
> Je suis donc partie pour ma première soirée de service, me sentant plutôt bien dans ma peau et dans la vie.
>
> Le premier événement avait lieu dans un studio, dans un parc industriel reculé. Quand je suis arrivée sur place, j'ai rapidement compris que le rôle n'allait pas être aussi amusant que je le pensais : se tenir debout, à l'extérieur, dans le froid, porter un t-shirt d'exposition, enregistrer les participants, dont la plupart n'étaient pas sur la liste des invités mais s'attendaient à y être...
>
> Deux heures après le début, je commençai à me demander pourquoi j'avais pris ce job. Mais ne vous méprenez pas : je sais qu'il y a des emplois pires, et que je m'y suis inscrite moi-même. J'ai commencé à parler aux autres employés. C'étaient des étudiants, qui avaient tous entre dix et quinze ans de moins que moi.
>
> J'ai 32 ans, je sais que cet âge ne fait aucune différence, et je suis généralement assez à l'aise avec celui-ci, mais, à ce moment-là, je me suis sentie assez nulle.
>
> Alors que je me tenais dans le froid, avec deux filles de dix ans mes cadettes, travaillant pour un emploi proche du salaire minimum, j'ai commencé à me sentir déprimée. J'ai commencé à m'apitoyer sur moi-même.

À la fin de cette première nuit, alors que j'attendais le bus, dans le froid et l'obscurité, le moral au ras des pâquerettes, j'ai envoyé un SMS à un ami qui, je le savais, comprendrait ma situation. Le texto disait : « Qu'est-ce que je suis en train de faire ?! J'ai 32 ans, et je viens de travailler au salaire minimum dans un quartier douteux de la ville, avec des jeunes étudiants, et maintenant j'attends le bus, dans le froid, pour un trajet d'une heure pour rentrer à la maison. » Mes autres amis sont médecins ou avocats, possèdent de *belles* maisons et conduisent leurs *belles* voitures pour se rendre sur leurs lieux de travail. J'avais l'impression d'avoir manqué un épisode ! L'ami que je venais de déranger en fin de nuit est sympathique. Il est intérimaire et voyage à travers l'Europe, alors que la plupart de ses pairs achètent une maison, ont des enfants et, généralement, mènent une vie *rangée*.

Quelques instants après mon envoi, il me répond ; et son texte m'a vraiment marquée. Il a simplement écrit : « Pense à ton rêve ! »
Voici comment il me l'a expliqué oralement, le lendemain :
— Oui, tu prends un job temporaire au salaire minimum. Tu travailles avec des jeunes et, en plus, tu prends le bus de ville pour t'y rendre. Mais tu fais tout cela pour une raison ! Rappelle-toi que tu fais cela pour pouvoir démarrer ton entreprise. Tu fais cela pour te créer une nouvelle vie pour toi-même, une vie dont tu peux être vraiment très fière. Alors, oui, c'est nul en ce moment. Mais pense à ta vision à long terme.

En entendant sa voix, je me suis dit que je n'aurais pas pu avoir un meilleur rappel. Parce que c'était exactement cela : je travaillais pour gagner de l'argent supplémentaire pendant que je créais l'entreprise qui me passionnait. J'étais, temporairement, dans une zone trouble pour pouvoir accéder à un meilleur endroit à l'avenir. Avec la fatigue et les éléments extérieurs, j'avais oublié ma vision à long terme, mon rêve, et je m'étais raccrochée au court terme.

En partageant son expérience, Séverine nous rappelle cette idée puissante : gardons à l'esprit notre perspective à long terme, le rêve que nous poursuivons. Ne nous laissons pas prendre au piège de ce qu'il se passe maintenant. Pensons à la situation dans son ensemble : nos grands projets.

Si vous créez votre entreprise et que vous avez l'impression de ne pas y arriver, pensez à votre vision à long terme. Vous n'irez peut-être nulle part au cours des premiers mois, mais qu'en sera-t-il au bout d'une ou deux années ? Jusqu'où pourriez-vous aller, si vous continuiez à faire des efforts ?
Si vous avez deux emplois qui vous permettront de voyager après vos études supérieures, gardez cette vision à l'esprit. Imaginez-vous en train d'embarquer dans cet avion, avec votre passeport en main, à siroter un expresso dans un village d'Italie, ou à voir la statue de la Liberté pour la première fois.

En écrivant ce livre, j'ai réécrit dix fois le chapitre d'introduction. Ce n'est qu'en me reconnectant à mon rêve de finaliser et publier mon ouvrage que j'ai trouvé la force de continuer les jours où l'inspiration m'avait quittée.
Ne vous inquiétez pas des choses qui se passent actuellement. Les travaux pénibles que vous acceptez… Les révisions que vous faites… Les vidéos de démonstration que vous envoyez sans réponse… Les refus de manuscrits… Ce sont des aléas temporaires.
Nous avons l'impression que tout cela est facile, mais, en pratique, ça l'est moins. Voici comment nous concentrer sur le long terme, tout en faisant face aux difficultés du court terme.

5 CONSEILS POUR CONTINUER À POURSUIVRE VOS RÊVES

1. Soyez clair sur votre rêve et affichez-le

En plus de le décrire dans votre carnet, affichez-le sur un mur visible. Définissez-le comme fond d'écran de votre téléphone ou de votre ordinateur. Rendez-le simplement visible. Vous avez ainsi un rappel, jour après jour, de ce pour quoi vous agissez.

2. Définissez de quelle façon vos plans à court terme contribuent à votre objectif à long terme

Soyez clair sur la façon dont vos actions y contribuent.
Par exemple : « Je prends le bus pour cet événement professionnel à deux heures de ma ville, afin de rencontrer des personnes qui pourraient m'aider à trouver un emploi dans le secteur que je souhaite. »

3. Faites équipe avec quelqu'un qui fait quelque chose de similaire

Comme Séverine, trouvez quelqu'un dans une situation similaire à la vôtre. Il est possible de trouver quelqu'un en ligne via des sites web de soutien, des groupes Facebook, tout ce qui vous aide à comprendre que vous n'êtes pas seul.
Pour Séverine, envoyer un SMS et avoir un appel, le lendemain, avec son ami était la meilleure chose qui pouvait lui arriver. Elle ne s'est sentie ni jugée ni stupide.

4. Prenez conscience que tout le monde vit cela

Les personnes que vous voyez au sommet de leur art n'ont pas commencé là. Elles ont transpiré, peiné et continué quand leurs rêves semblaient irréalisables, voire parfois impossibles. Personne ne leur a promis d'atteindre le sommet. Pensez à tous ceux que vous admirez, dans tous les domaines… Ont-ils travaillé dur pour y arriver, ou bien est-ce tombé du ciel ? Ont-ils mis du temps à se rendre là où ils se trouvent actuellement, ou est-ce arrivé du jour au lendemain ?

5. Appréciez où vous êtes maintenant

Voyez aussi bien les aspects positifs que négatifs.
Votre blog ne compte que quatre lecteurs ? Super ! Pensez à toutes les erreurs que vous pouvez faire sans que personne ne le sache ou ne fasse des commentaires durs !
Vous envisagez de prendre un travail ennuyeux qui vous permettra de payer vos études ? Alors inscrivez-vous avec un ami, et amusez-vous ! Parce que – sans paraître négatif – vous aurez toujours des problèmes et des contraintes pour arriver là où vous voulez être. Alors profitez des problèmes et des contraintes que vous avez maintenant. Appréciez où vous en êtes dans votre voyage – tout est important.

Maintenant, à vous de jouer :

- QUEL EST VOTRE RÊVE ?
- SUR QUOI TRAVAILLEZ-VOUS ACTUELLEMENT POUR RÉALISER CETTE VISION À LONG TERME ?
- QUE VIVEZ-VOUS MAINTENANT, EN VUE DE VOUS CRÉER UN AVENIR MEILLEUR ?
- QU'AVEZ-VOUS APPRIS EN COURS DE ROUTE ?

S'envoler, enfin !

DANS VINGT ANS, VOUS SEREZ PLUS DÉÇU
par ces choses que vous n'avez pas faites
QUE PAR CELLES QUE VOUS AVEZ FAITES.
ALORS LARGUEZ LES AMARRES.
ATTRAPEZ LES ALIZÉS DANS VOS VOILES,
et sortez du port ô combien sécurisant.
EXPLOREZ. RÊVEZ. DÉCOUVREZ.

Citation attribuée à Mark Twain

Jusqu'à présent, nous avons commencé la recherche de notre mission de vie en accédant à notre intuition et en déjouant nos voix intérieures autosabotantes. La réflexion sur notre *moi authentique*, la mise en lumière de nos valeurs fondamentales et l'exploration de nos rêves nous permettent d'être de plus en plus conscients de qui nous sommes véritablement. Et après ? Comment traduire ce cheminement personnel en actions concrètes ? Parlons de ce qu'est la vie lorsque nous vivons d'une manière parfaitement conforme à notre objectif.

Dans ce dernier chapitre, j'aimerais partager avec vous une série de questions pour vous aider à clarifier davantage votre mission de vie. Avant de commencer, il est essentiel que vous compreniez ce qui suit.

Prendre *son envol*

Lorsque nous prenons *notre envol*, nous nous sentons vivants et épanouis. Nous vivons une vie avec une direction et une intention claires. Nous prenons des décisions qui augmentent notre sentiment d'épanouissement. Ce même sentiment, aussi fort soit-il, est même ressenti – voire transmis – aux personnes qui nous entourent. Rien ni personne ne peut nous arrêter !
Même si nous sommes tous des êtres uniques, donc différents, il existe des clés communes qui nous permettent de décoller et de déployer nos ailes.

Vivre selon ses valeurs fondamentales

Les personnes qui prennent *leur envol* ont conscience des valeurs fondamentales qui influencent leurs décisions, façonnent leurs actions quotidiennes et déterminent leurs priorités à court et à long terme. Elles accordent une grande importance au fait d'être intègre et de gagner la confiance et le respect des autres. Le résultat est qu'elles vivent avec une conscience claire et passent plus de temps à écouter leur sagesse intérieure qu'à être influencées par les autres, laissant les pleins pouvoirs à leur libre arbitre.

Fixer ses priorités

Les personnes qui prennent *leur envol* identifient les activités qui comptent le plus pour elles, et consacrent la majorité de leur temps et de leurs efforts à ces domaines. Sinon, il est trop facile de s'éloigner des courants de la vie. Comme l'a dit un jour la romancière américaine Annie Dillard : « La manière dont nous passons nos journées est, bien entendu, la manière dont nous passons notre vie. »

Suivre sa passion

Les personnes qui prennent *leur envol* se réveillent chaque matin avec l'impatience d'affronter ce jour nouveau. Elles poursuivent leurs rêves avec ferveur, mettent tout leur cœur dans ce qu'elles entreprennent, et sentent qu'elles font personnellement une différence. Comme l'acteur James Dean l'a dit un jour : « Rêvez comme si vous alliez vivre éternellement. Vivez comme si vous alliez mourir aujourd'hui. »

Atteindre l'équilibre

Les personnes qui prennent *leur envol* mettent tout leur cœur dans leur carrière et dans l'établissement de relations avec leurs amis et leur famille. Elles réservent également suffisamment de temps pour satisfaire leurs besoins personnels. Atteindre l'équilibre signifie « vivre à la hauteur de son potentiel dans toutes les facettes de sa vie ».

Se sentir comblé

Les personnes qui prennent *leur envol* ont une paix intérieure. Elles sont satisfaites de ce qu'elles ont et de qui elles sont. Pour elles, l'herbe est plus verte de leur côté de la clôture.

Faire une différence

Les personnes qui prennent *leur envol* font la différence dans la vie des personnes qui les entourent. Elles font des choses pour les autres, sans attendre de gain personnel. Elles servent de modèles de comportement en étant exemplaires, et gagnent autant de satisfaction en voyant le succès des autres qu'en étant témoins du leur.

Comme le dit le vieux proverbe : « Une bougie ne perd rien en allumant une autre bougie. »

Vivre l'instant présent

Les personnes qui prennent *leur envol* chérissent chaque instant et cherchent à vivre la vie sans regret. Elles prennent plaisir aux expériences que la vie leur donne et ne se soucient pas du score. Le docteur Seuss, célèbre auteur américain pour enfants, l'a peut-être mieux dit : « Ne pleurez pas parce que c'est fini. Souriez parce que c'est arrivé. »

Le but de la vie est une question perpétuelle qui intrigue l'humanité depuis le début de l'existence humaine. Sans but, on erre dans la vie au lieu de suivre son étoile du Nord. Sans but, on perd son temps au lieu de se réveiller chaque matin avec une soif insatiable d'accomplir sa mission. Sans but, on obtient un succès remarquable tout en ayant le sentiment que la vie nous file entre les doigts.

Le succès dans la vie commence par une direction et une intention claires. Lorsque nous atteignons la clarté, nous obtenons une nouvelle perspective sur notre vie. Lorsque nous trouvons cette voie, nous nous sentons bien dans notre personnalité, ce que nous représentons et vers où nous nous dirigeons. Lorsque nous la découvrons, une paix intérieure remplace le besoin de rechercher l'approbation des autres. Nos amis et notre famille commencent à ressentir un nouveau *nous* : quelqu'un qui est heureux, motivé et sûr de lui, une personne avec une mission. Les autres diront même que nous avons quelque chose de vraiment *spécial*. Et ils auront raison !

Commencer dès aujourd'hui

Je me souviens d'une de mes collègues avec laquelle je travaillais il y a de nombreuses années. Elle m'a raconté à quel point ce fut triste pour elle de nettoyer la maison de sa mère lorsque cette dernière est décédée. Elle m'explique que c'est à cause de toutes les choses qu'elle a dû jeter ou donner, des affaires neuves qui n'avaient jamais été utilisées.

Des draps de bonne qualité que sa mère gardait pour les *bons* invités qui viendraient pour une nuit ; alors que les draps de sa maman étaient de moindre qualité, usés et tachés par le temps. De la belle vaisselle qui avait rarement été utilisée, alors qu'elle mangeait dans des assiettes ébréchées et dépareillées. Des sous-vêtements raffinés qu'elle avait gardés pour une occasion *spéciale*, qui étaient si vieux que les élastiques étaient devenus cassants et craquelés.

Ma collègue a découvert des articles dans leurs emballages d'origine de toutes sortes, cachés dans toute la maison, des placards du sous-sol au grenier. Elle se souvenait, que lorsqu'elle était enfant, elle regardait sa mère se débrouiller avec ce qu'ils avaient, tout en gardant les *belles choses* pour un jour où quelqu'un d'important viendrait.

Le temps a passé, ce jour n'est jamais venu. Personne n'avait jamais été assez important pour ces *belles choses*, même pas elle-même.

Vous n'avez peut-être pas la même collection de choses dans votre maison, mais avez-vous la même collection de pensées dans votre tête ?

Comme je l'entends si souvent : « Mon mari et moi irons au cinéma en amoureux lorsque les enfants seront plus âgés », « Quand je pèserai 10 kg de moins, je pourrai m'inscrire à cette activité qui me plaît tant » ou encore « Je vais retourner à l'école, démarrer cette entreprise, ou faire autre chose que je rêve de faire pour moi-même quand ma vie trépidante ralentira un peu ».

Attendre. Attendre que le moment soit venu, que notre corps soit celui que nous imaginons, que nous ayons assez d'argent et que tous ces autres prérequis soient là. Remettre à plus tard la permission d'être heureux.

Nous avons vu que *prendre son envol* signifie, en partie, « faire ce qui nous apporte de la joie maintenant au lieu de la remettre à un prétendu *meilleur* moment ». Ces temps *meilleurs* sont toujours basés sur ce que nous *devrions* faire, au lieu de ce que nous *désirons* faire. Nous devrions être à la maison, passer du temps avec nos enfants et renoncer à notre relation avec notre partenaire. Nous devrions être plus minces parce que les médias nous ont conditionnés à le croire, donc nous nous retenons dans la vie à cause de kilos en trop. Nous ne devrions pas prendre le temps de poursuivre une activité que nous aimons, car nous avons trop de responsabilités en ce moment pour être si égoïstes. Nous avons le pouvoir de faire nos propres choix. Nous pouvons choisir de vivre notre vie en attendant le *meilleur* moment, ou même la visite de l'invité spécial de la mère de ma collègue. Ou nous pouvons choisir de vivre pleinement notre vie chaque jour.

Alors, qu'attendons-nous ? Que pouvons-nous faire dès aujourd'hui, sans plus attendre ?

Identifier et nommer sa mission de vie

PEU IMPORTE QUE LE CHEMIN SOIT LONG,
il ne sert à rien de se fixer une date limite,
l'essentiel étant de savoir que l'on va dans
la bonne direction.

Matthieu Ricard, *L'Art de la méditation*

12 QUESTIONS DE RÉFLEXION

En avançant dans votre quête à l'aide des différents exercices proposés dans cet ouvrage et de vos découvertes personnelles, vous avez récolté des données importantes vous concernant. Il est, à présent, temps de rassembler tout cela en répondant aux 12 questions suivantes.

- QUELS SONT VOS TALENTS UNIQUES ?

- QUELS SONT LES ASPECTS LES PLUS INHABITUELS DE VOTRE PARCOURS OU DE VOTRE EXPÉRIENCE ? QUE POURRAIENT-ILS VOUS PERMETTRE DE FAIRE ?

- QUELLE EST – OU PEUT ÊTRE – VOTRE CONTRIBUTION UNIQUE À VOTRE FAMILLE, À VOTRE TRAVAIL, À VOTRE COMMUNAUTÉ ? OU QUEL GENRE DE DIFFÉRENCE VOULEZ-VOUS FAIRE AVEC VOTRE VIE ?

- QU'EST-CE QUI VOUS A TOUJOURS PASSIONNÉ ? QUELLES SONT VOS PASSIONS CACHÉES, CELLES DONT VOUS N'AVEZ JAMAIS PARLÉ À PERSONNE ?

- QU'AVEZ-VOUS TOUJOURS VOULU FAIRE ? VOUS L'AVEZ PEUT-ÊTRE OUBLIÉ, MAIS CELA CONTINUE DE REFAIRE SURFACE.

- QUELS SONT LES ACTIVITÉS ET LES PROJETS QUI VOUS DYNAMISENT ?

- QUELS SONT LES DOMAINES DANS LESQUELS VOUS AVEZ ACCOMPLI DES RÉALISATIONS ?

- QUELLES COMPÉTENCES VOUS ONT PERMIS DE RÉUSSIR ?

- QUELLES SONT LES CHOSES POUR LESQUELLES LES AUTRES VIENNENT À VOUS OU COMPTENT SUR VOUS ?

- QU'EST-CE QUE LES AUTRES DISENT SOUVENT DE VOUS ? DANS QUELLES ACTIVITÉS DISENT-ILS QUE VOUS ÊTES OU SERIEZ FORMIDABLE ?

- QUELS SONT VOS LOISIRS ? QUEL EST LE THÈME COMMUN À CES PASSE-TEMPS ? N'OUBLIEZ PAS D'INCLURE LES ACTIVITÉS QUE VOUS AVIEZ LORSQUE VOUS ÉTIEZ ENFANT OU ADOLESCENT, ET LES ACTIVITÉS PARASCOLAIRES ET BÉNÉVOLES.

- VOUS SOUVENEZ-VOUS D'UN MOMENT DE VOTRE VIE OÙ VOUS AVEZ EU CE SENTIMENT D'ÉPANOUISSEMENT ? QUE FAISIEZ-VOUS ? QUEL GENRE DE PERSONNE ÉTIEZ-VOUS À CE MOMENT-LÀ ? COMMENT VOUS SENTIEZ-VOUS ?

Et ensuite...

- QUE S'EST-IL PASSÉ DANS CET EXERCICE DE QUESTIONNEMENT ?

- QUELS SONT LES THÈMES COMMUNS QUI SE DÉGAGENT DE VOS RÉPONSES ?

- QUELS SONT LES MOTS QUI REVIENNENT SANS CESSE ?

____

____

- LESQUELS RÉSONNENT EN VOUS ?

____

____

À NOUVEAU, N'HÉSITEZ PAS À ÉCHANGER AVEC UN AMI.

L'énoncé de votre mission de vie

En faisant la synthèse des expressions qui reviennent, si vous avez une idée suffisamment claire de qui vous êtes et de ce que vous faites, de votre différence, vous pouvez commencer à ébaucher un premier énoncé de votre mission de vie. Vous allez voir que le fait de chercher à l'exprimer clairement aide à le préciser.

Le premier énoncé d'Audrey ressemble à : « J'aime discuter longuement avec mes amis de questions profondes. Je me sens appelée à écouter les autres et, ainsi, à les aider. » De son côté, Pierre écrit : « J'aime soulager les autres par des gestes précis et efficaces. » Gabriel exprime son énoncé ainsi : « Je veux transmettre des idées par les mots, communiquer et vulgariser pour rendre la connaissance accessible au plus grand nombre. »

Le Co-Active Training Institute propose de formuler notre énoncé dans un format plus métaphorique selon le modèle suivant :

« *Je suis* (nom/adjectif) *qui* (crée un certain impact). »

Par exemple, une déclaration de mission de vie pour un activiste environnemental pourrait être : « Je suis le guerrier qui se bat pour le bien-être de Mère Nature. »
L'énoncé d'Audrey devient alors : « Je suis la flamme vive et chaude qui échange des questions profondes avec les autres, les écoute et les aide. » Celui de Pierre : « Je suis l'horloger, précis et rigoureux qui soulage et soigne les autres. » Enfin, pour Gabriel : « Je suis le savant hibou qui transmet des idées par des mots simples, permettant aux autres d'accéder à la connaissance. »

En utilisant le temps présent dans l'énoncé, comme « Je suis », nous prenons notre *envol* en honorant notre mission de vie *dès maintenant*. L'adoption d'une métaphore crée une image plus vivante et nous aide à ressentir l'énergie dont nous avons besoin pour définir notre mission et garder le cap en vol.

Revenez en arrière, et réessayez

Définir sa mission de vie est un processus qui prend généralement du temps et nécessite une combinaison de différentes méthodes. En plus de la réflexion, de la journalisation et des interviews de votre entourage, la visualisation est un autre outil que j'aime utiliser en séance pour aider les hommes et les femmes que j'accompagne à puiser dans leur subconscient – ce monde magique dans lequel nous nous aventurons encore trop rarement.

Le premier énoncé que nous obtenons pourra être revu et réajusté à chaque instant.
D'ailleurs, dans cette formulation, ce ne sont pas tant les mots que nous choisissons qui comptent que la flamme que la phrase ravivera en nous à sa simple lecture. Identifier et nommer sa mission de vie nous permet de mettre notre direction et notre intention en 3D, voire en 4D, rendant cette notion palpable dès que l'on ferme les yeux, et facilitant les changements de trajectoire pendant notre vol.

SAVOIR QUI L'ON EST,
puis être pleinement, à chaque instant,
ET REFUSER D'ÊTRE AUTRE CHOSE.

Laurent Gounelle, *Le Jour où j'ai appris à vivre*

POUR ALLER PLUS LOIN

- REGARDEZ LES DIFFÉRENTS DOMAINES DE VOTRE VIE ET LES CHOIX QUE VOUS AVEZ FAITS JUSQU'À PRÉSENT, PAR EXEMPLE DANS VOTRE CARRIÈRE. VOTRE ÉNONCÉ ACTUEL RENTRE-T-IL EN RÉSONANCE AVEC CES ÉLÉMENTS DE VOTRE VIE ? SINON, CELA S'EXPRIME-T-IL AILLEURS DANS VOTRE VIE ?

- CONSIDÉREZ VOTRE MISSION DE VIE COMME UN CONTEXTE, PENDANT UN INSTANT. QUE VOUS MANQUE-T-IL ACTUELLEMENT POUR PRENDRE VOTRE ENVOL ?

- QUEL IMPACT AVEZ-VOUS SUR LE MONDE OU SUR LES GENS AUTOUR DE VOUS LORSQUE VOUS HONOREZ VOTRE MISSION DE VIE ?

Une fois que vous avez répondu aux questions ci-dessus, décomposez les objectifs concrets et les actions que vous avez obtenus en répondant aux questions suivantes, et continuez votre exploration…

- QUE FERIEZ-VOUS POUR CRÉER CET IMPACT ?

- QUEL GENRE DE PERSONNE DEVRIEZ-VOUS DEVENIR POUR CRÉER CET IMPACT ?

Développer son expérience de vie

Si vous ressentez toujours un fort sentiment de confusion quant à l'orientation de votre vie, ou un manque de connaissances sur les capacités que vous pourriez exploiter pour les atteindre, il est fort possible que vous n'ayez pas exploré suffisamment de domaines au cours de votre vie. Vous ne disposez tout simplement pas d'assez d'informations pour avancer dans vos recherches. Cela pourrait être

particulièrement vrai lorsque vous êtes encore au début de votre carrière ou lorsque vous travaillez dans le même domaine pendant une longue période sans grande diversité. Ce n'est donc pas nécessairement une question d'âge.
Si tel est le cas, ne vous inquiétez pas ! Demandez-vous quelles sont les choses que vous pouvez faire pour vous aider à acquérir ou à diversifier votre expérience de vie. Quelques suggestions consistent à solliciter de nouveaux projets au travail ou à faire du bénévolat pour un organisme de bienfaisance local.
Lorsque vous vous lancez dans de nouvelles expériences de vie, vous commencez à vous rendre compte de ce que vous aimez, de ce que vous n'aimez pas, et de la façon avec laquelle vous interagissez avec les autres, etc.

Les turbulences

Vivre une vie honorant notre mission et nos valeurs fondamentales n'est pas nécessairement facile. Il y aura des turbulences en plein vol, des incidents, des zones de brouillard, des détracteurs et des voix intérieures nous entraînant dans différentes directions. Nous ferons face à nos doutes : Est-ce que cela vaut le coup ? Suis-je sur la bonne voie ? Comment, diable, dois-je faire cela ? Qui va m'aider ? etc.

Notre part d'ombre pourrait même surgir et nous déstabiliser. Il faudra alors faire face à notre ego, à nos blessures d'enfance, à notre manque d'amour de soi et à notre besoin insatiable d'être aimés, à notre possessivité et à notre jalousie, notre orgueil... Autant d'éléments négatifs nous renvoyant perpétuellement en arrière, tels des vents contraires.

Lorsque je fais face à ces turbulences, j'aime à dire que ce sont des cadeaux que la vie me fait. Une turbulence survient, c'est une occasion de plus d'expérimenter ce qui se passe en moi, une étape de plus vers qui je suis véritablement.

CALMER LES TURBULENCES

Chaque fois que ces turbulences surviennent, posez-vous les questions suivantes.

Qu'est-ce qui est important pour vous dans la vie ?

Concernant vos valeurs fondamentales

- QUELLES SONT-ELLES ?

- VOS VALEURS FONDAMENTALES ONT-ELLES CHANGÉ AU FIL DU TEMPS PARCE QUE VOTRE SITUATION A CHANGÉ ?

- SI OUI ET QUE VOTRE SITUATION ACTUELLE NE VOUS CORRESPOND PAS VRAIMENT, QUELS AJUSTEMENTS POUVEZ-VOUS FAIRE DANS VOTRE QUOTIDIEN ?

- CERTAINES DE VOS VALEURS FONDAMENTALES SONT-ELLES FLOUÉES ?

Concernant vos doutes

- D'OÙ VIENNENT-ILS ?

- EST-CE QUE CE SONT LES VÔTRES OU CEUX DES AUTRES ?

- QUE SAVENT LES PERSONNES QUI DOUTENT DE VOTRE RÊVE ET DE VOTRE APPROCHE, DE VOUS, DE VOS CAPACITÉS ET DE VOTRE VISION ?

- POUR VOUS, L'OPINION DES AUTRES A-T-ELLE UNE GRANDE IMPORTANCE ?

- ENFIN, PENSEZ-VOUS QU'UNE CROYANCE D'AUTOSABOTAGE SE CACHE QUELQUE PART EN VOUS ?

CERTAINES TURBULENCES SONT PLUS LOURDES DE CONSÉQUENCES QUE D'AUTRES, C'EST AINSI. OFFREZ-VOUS DU TEMPS POUR LES FRANCHIR !

Conclusion

LA CHASSE AU BONHEUR
EST OUVERTE
tous les matins.

Citation attribuée à Stendhal

Nous approchons de la fin de cet ouvrage. Par ce cheminement initiatique, nous avons exploré des concepts et pratiqué les nombreuses activités proposées. Chaque questionnement nous a permis de collecter des éléments de réponse précieux à la préparation de notre envol.

Nous l'avons vu, il y aura des obstacles et des freins sur notre parcours. Des moments de doute intense, des périodes où notre critique intérieur reprendra le dessus en essayant de nous garder dans notre zone de confort.
En nous remémorant notre mission de vie, en nous reconnectant à nous-mêmes et en laissant transparaître notre moi authentique, nous ravivons notre sagesse intérieure. Et plus nous nous connecterons à l'énergie de cette sagesse, plus notre vie lui ressemblera. Certains changements se feront petit à petit, d'autres seront discrets ou même soudains et drastiques.

Comme lors d'une belle randonnée, il est parfois bon de se poser un instant et de regarder le chemin parcouru. Un moment pour apprécier notre parcours et notre progression vers une version de nous-mêmes plus forte et plus courageuse.
Je n'ai pas la prétention de pouvoir répondre aux questions :

- COMMENT ATTEINDRE L'ÉPANOUISSEMENT ?
- COMMENT FONCTIONNE LE BONHEUR ?

Lorsque nous essayons d'être heureux et épanouis, nous y pensons souvent comme une destination – un endroit où aller dans le futur après avoir réalisé toute une liste de *bonnes* choses, comme si ce bonheur devait se mériter. Pourtant, le bonheur n'est que subjectif, tout au plus un effet. Une vie épanouie est pavée de petits bonheurs quotidiens : des instants et des situations où nous sentons vibrer notre être au plus profond.

La vie est un voyage, et non une destination.

À présent, tous les voyants sont au vert pour oser enfin décoller. Poussez la manette des gaz, et profitez de chaque étape du voyage.

J'ai pris mon envol dans un moment particulier de ma vie. J'étais au chevet de mon père gravement malade. Certains diront que c'est un élément déclencheur. Peut-être. Je crois que mon parcours était engagé depuis plus longtemps. J'ai expérimenté de nombreuses pistes et entendu les histoires de beaucoup de femmes et d'hommes en plein voyage.

Aujourd'hui, je vole tel un albatros au-dessus de l'océan de la vie. J'expérimente les différents vents marins que je découvre au cours de mon voyage. Certains me portent, tandis que d'autres me rabaissent vers la ligne d'eau. Quelquefois, je sens l'écume des vagues éclabousser mon visage et mouiller mes ailes.

Je m'élève dans le ciel pour ajuster mon cap, ou je reviens vers le bleu de l'océan pour me nourrir et jouer près des rouleaux. Je continue mon fabuleux voyage au gré de mes découvertes personnelles. Et, à nouveau, tout au fond de moi, je me prends à rêver aux prochaines étendues inexplorées que je pourrais survoler !

Profitez du voyage ! Bon vol !

THINK OF ALL THE JOY YOU'LL FIND

WHEN YOU LEAVE THE WORLD BEHIND

AND BID YOUR CARES GOODBYE.

You can fly! You can fly! You can fly![18]

Peter Pan, *You Can Fly*

18. « Pense à toute la joie que tu trouveras / Quand tu quitteras le monde / Et diras adieu à tes soucis / Tu peux voler ! Tu peux voler ! Tu peux voler ! »

Activer sa curiosité

Dans votre bibliothèque

Des livres de fond

Alsteen, Nathalie, *Émotifs talentueux : être soi autrement*, Josette Lyon, 2019.

Amen, Daniel G., *Change Your Brain, Change Your Body*, Harmony, 2015.

Berger, Carole, *Les Secrets de l'Ho'oponopono*, Leduc.s, 2015.

Brown, Brené, *Le Pouvoir de la vulnérabilité*, Guy Trédaniel éditeur, 2015.

Cathcart, Jim, *The Acorn Principle: Know Yourself, Grow Yourself*, St. Martin's Press, 1999.

Cézard-Kortulewski, Véronique, *Psychogénéalogie – La symbolique des métiers – Ouvrez la porte à votre polypotentialité !*, éditions Quintessence, 2021.

Chamine, Shirzad, *Positive Intelligence: Why only 20% of Teams and Individuals Achieve Their True Potential and How You Can Achieve Yours*, éd. Greenleaf Book Group, 2012 (en anglais).

Ferriss, Timothy, *La Semaine de 4 heures : travaillez moins, gagnez plus et vivez mieux !*, Pearson, 2010.

Maex, Edel, *Apprivoiser le stress par la pleine conscience*, De Boeck, 2015.

Mohr, Tara, *Playing Big: A Practical Guide for Brilliant Women Like You*, Arrow, 2015.

Ricard, Matthieu, Kotsou, Ilios, *Les Folles Histoires du sage Nasredin*, Iconoclaste, 2021.

Robbins, Anthony, *Pouvoir illimité*, Robert Laffont, 2015.

Ruiz, Miguel Don, *Les Quatre Accords toltèques : la voie de la liberté personnelle*, Jouvence, 2018.

Ruiz Miguel Don, Ruiz José Don, *Le 5e Accord toltèque : la voie de la maîtrise de soi*, Jouvence Poches, 2020.

Taylor, Jill Bolte, *Voyage au-delà de mon cerveau*, J'ai lu, 2009.

Tolle, Eckhart, *Le Pouvoir du moment présent*, Ariane, 2000.
Ware, Bronnie, *Les 5 Regrets des personnes en fin de vie*, Guy Trédaniel éditeur, 2013.

… et quelques romans pour démarrer

Ankaoua, Maud, *Kilomètre Zéro : le chemin du bonheur*, J'ai lu, 2019.
Giordano, Raphaëlle, *Ta deuxième vie commence quand tu comprends que tu n'en as qu'une*, Eyrolles, 2015.
Gounelle, Laurent, *L'Homme qui voulait être heureux*, Pocket, 2010, et ses autres romans…

Les applications à essayer

Deepak Chopra Meditation
Petit Bambou
Cohérence Cardiaque Assistant

Sur la Toile

Des sites à visiter

www.emergences.org
www.positiveintelligence.com

…et des conférences à visionner

Jonathan Lehmann, « Les antisèches du bonheur », TEDxValenciennes, 2016.
Matthieu Ricard, « Les habitudes du bonheur », TED, 2004.
Simon Sinek, "Do What the 99% Are Not Doing", Motivates Me, avril 2021.

Cet ouvrage a été achevé d'imprimer par la SEPEC en septembre 2021.
Imprimé en France. Numéro d'impression : 04875210609
Dépôt légal : octobre 2021

IMPRIM'VERT®